平安的人間

聖嚴法師——著

PEACE
on EARTH

自序

法鼓山推動「建設人間淨土」的社會運動，是以心靈環保為主軸，以安心、安身、安家、安業的「四安」為行動；又以提倡禮儀環保、生活環保、自然環保，來配合心靈環保，成為「四環」運動，以促進人間社會的平安快樂。

本書的集成，是出於法鼓文化編輯群的確定，所收的十二篇文章，均曾見於《人生》月刊，其中二、五、七的三篇，是以「別冊」的形式，隨刊夾頁附贈，其餘九篇，都是在《人生》專欄「寶鏡無境」中刊出。

本書的文章，依其性質的類別，分為三部分：1.四安，2.生命的教育，3.面對未來。都是我在臺灣及美國各地所做的演講內容，講出之時，未想到要出書，故僅有主題及子題，講完之後，如果有人覺得還值得筆錄成稿，經過我親自刪削、增補、修潤，便交給雜誌的編輯部門備用，如果無人代為整理，講過我就忘了。因此，我要感謝為我整理演講稿的菩薩們。

本書的字數不多，經歷的時間則不是很短，從一九九三年三月二十日，在臺灣高雄市講出「開發人人心中的光明」，至一九九六年十一月九日，在美國新澤西州講出「如何因應嶄新的二十一世紀」，大約三年又七個多月。但實際我的演講場次，當然要多得很多，本書所見，乃是其中比較精彩的部分。

我的演講，是人性化的問題探討，是用正確的佛法，來為人間常常發生的紛擾及苦惱，提出紓解的看法和作法。我是把佛教的理論及信仰，轉變成為人人能懂，也都人人會用的觀念及方法。雖然我所提供的觀念及方法，不是魔術棒，不是萬靈丹，但對許多人，的確很有用，而且很好用。這當然不是我聖嚴有什麼能耐，而是佛法本來就有這種功能。

一九九九年是法鼓山推出平安運動的平安年，本書的出版，對於我們，不僅可做為一項紀念的禮物來奉獻，也希望它能擔負起一份平安運動的任務。

一九九八年十一月二十二日於紐約

目錄

安定人心．安定社會

一般人時常要求「安全」與「安定」的保障，總是希望環境給我們安全，給我們安定，如果環境沒有任何安全措施，就會覺得沒有安全感；如果生活上沒有充裕的物質條件，同樣也會覺得不安定。

我們每個人與社會的關係，就像人與環境是互相依存，互相影響的。環境可以影響人，人也影響環境。可是究竟是誰來影響環境呢？答案是：每個人都能影響環境，甚至於一個念頭、一句話、一舉一動，都足以影響整個社會。

或許有人認為平民百姓的力量不夠，必須由大人物來登高一呼，才有力量。事實上，大人物有大人物的力量，小人物有小人物的影響力，大人物的力量也是根據一般人的需求，匯集成他們的聲音和他們的力量；而且，大人物所掌握的也只有他個人影響所及的範圍；可是大眾集體的力量，卻是一股巨大且足以影響整體社會的力量。因此，只要每個人心念一轉或是心理某種觀念一改變，社會便會受到不同的影響，如果再加上身體力行所表現出來的行為，所產生的影響力就會更大了。

既然個人和社會是互動的，所以社會的態度或社會的風氣，也會使每一個人隨之轉變。但社會風氣又是從何而來？有時候是更大的環境所造成的，例如日本、美國、歐洲社會發生什麼樣的流行，常常很快就被引進臺灣，甚至造成所向披靡的風潮，有些不好的風氣，也會透過這種模式被帶到臺灣來。

雖然說「社會影響我們，我們被社會影響」，但站在宗教教育的立場，人是可以不受環境影響而變壞，反而可以因為信仰的熏陶而變好，進而影響社會。一般人說：「江山易改，本性難移。」但宗教教育的精神，是不會對任何人失望，也不會對任何情況絕望。

心淨則國土淨

《維摩經》說：「隨其心淨，則佛土淨。」《大乘起信論》說：「心生則種種法生。」意思是說，當人的內心清淨時，他所看到的環境便是清淨的，心所嚮往的、心想要完成的，也一定會完成；例如「心靜自然涼」，當心安靜下來時，體溫就不會升高，會比較耐得住悶熱。

所以，如果內心能夠清淨，對環境、社會的感受，就會大不相同；如果心不清淨，充滿了不平、憤怒、仇恨、嫉妒與不滿，所看到的人，都覺得是壞人，碰到任何事都會覺得討厭，這全都是因為心不清淨，所以看到任何現象就會引起自身的煩惱。如果心能安定，那麼所看到的社會，也會讓人感到安心。

今天的社會風氣，處處顯示出人心的苦悶，以及得不到安定感的困境。多數人以為要謀求人心的安定，先要從改善生活做起，所以期望用政治、經濟、法律來改善社會環境，也就是希望人人有飯吃、有屋住、有衣服穿，進一步希望建立良好的政治、經濟措施以及完善的法律制度來保障人民；因此，歷來政治家、教育家、宗教家、企業家們站在不同角度、不同立場，都紛紛提供他們的力量，貢獻不同的才能，期望建立安定的社會。

因此，過去的人，為了國家、民族、社會而努力奉獻，心中就找到安定的力量。但現代人對國家、民族、社會的意識已逐漸淡薄模糊，所以今天社會上很多人覺得自己茫茫然地一天過一天，不知道每天是為了什麼而忙，完全失去了生活的目標。其實，如果人心有所寄託，無論在任何情況下，心都能夠安定下來。所以說，救人必先救心。要使社會獲得真正的安定，仍要從人心的安定做起。

心不隨外境所轉

如何安心？最重要的就是不受外在環境影響。如果心不受環境所左右，那就是智者，心中必定自在安定。若心為環境所轉，必生煩惱。例如過於強烈的欲望將因無法滿足而產生憤怒，隨之而來的挫折，又會帶來恐懼與猜疑；又例如人家謗你一句，就暴跳如雷；人家讚你一句，就洋洋得意；被人冤枉，就痛苦懊惱；被人恭維，就趾高氣揚。雖然這些反應都是人之常情，但這都是因為不能自我肯定，才會處處需要別人肯定自己。佛法教我們應該做到心不隨「境風」所動，也就是「八風吹不動」，所謂「八風」是指：利、衰、毀、譽、稱、譏、苦、樂。

當然，生活中難免出現逆境，我經常勸勉大家，處理棘手的問題時，應該坦然地面對它、接受它、處理它、放下它；也就是說，遇到任何困難、艱辛、不平的情況，都不逃避，因為逃避不能解決問題，只有用智慧把責任擔負起來，才能真正從困擾的問題中獲得解脫。

為了達到內心的安定，我們應該要接受心靈環保的觀念，就是要少欲知足，知足常樂。雖然在實際生活上不容易立刻做到，更不容易時時刻刻都做到，但是不妨每天練習著，慢慢一點一滴做著安心的工夫。

實踐心靈環保的方法有三種：

（一）佛教的禪修念佛，能夠讓人心自然安定。

（二）時時生起慚愧心，反省與悔過，就像儒家所說「吾日三省吾身」。其實一天反省三次還是不夠的，應該要時時刻刻知道自己的心在做什麼。

（三）經常以感恩心，面對生活環境中的每一個人及每一件事，全心奉獻服務，目的是為了報恩。

用這三種方法落實心靈環保，就可以隨時隨地安定自己的身心，成長自己的人格，也能為社會大眾，帶來安定的力量。

人間需要溫暖，社會需要關懷，人人若能自安己心，必然也能安定他人，所以大家必須攜手合作，共同建立一個安定的社會。

（一九九五年七月二十六日講於臺北市政府警察局員工月會）

安身．安心．安家．安業

我不是科技的專家，也不是生理、營養、心理分析、家庭問題專家，更不是企業管理專家；我是以佛法來整合問題、疏導問題的法師，站在佛教徒的立場，把對佛法的體驗，將人間所有身、心、環境的問題，做整體性的疏導，提供大家一些原則性的指導，以達成安心、安身、安家、安業的目的。

安誰——能夠安人必能安己

行菩薩道——尊重他人而安心安身

一般人總是先求安身，才求安心，也就是說，以為自己的身體得到安全的保障，內心才能安定下來；也認為自己應先求得安全的保障，然後再考慮到社會上其他的人。

但是學佛的人，一位菩薩道的修行者與實踐者，觀念恰好相反，是以安心來做為安身的基礎原則，以安人來完成自安的功德。

因為心安定了以後，身體自然也會安定。心理健康，身體即使有病也算是個正常健康的人；如果心不健康，身體再怎麼好，這個人也是有問題的，對社會、對家庭，都可能造成困擾。

如果能夠隨時隨地，以他人的安全、他人的安定、他人的幸福，以及他人的利益為首要考慮，你一定是個很安定的人，你的家人、親友，也都會因此而得到安全。

因此修行菩薩道的人，一定是捨己而利人，安心而安身。

如何安心？最重要的就是讓我們的心不受環境汙染，也不因個人心念的蠢動而影響社會環境，這就是法鼓山所提倡的「心靈環保」。

如何安身？就是要落實法鼓山提出的「禮儀環保」，其中包括了心儀、身儀、口儀，要我們從語言、身體，乃至於面部的表情、動作，都表現出對他人的尊敬、尊重、感謝、感激與感恩。由於我們對人真誠有禮貌，所得到的回響也一定是安定的、安全的，當然我們所處的環境就會是安全的。

身心平安——身心的平衡與安穩

身體不安的主要原因，是由於身體機能不平衡，佛法稱為「四大」——地、水、火、風失調，也就是冷熱不調、飲食不調、睡眠不調、運動不足或運動過度、生活作息不規律等，這都會使我們的身體失衡。此外，不能夠控制內心的浮動，而造成種種心不由己、身不由己的狀況，也會使得身體的健康受損。

此外，外在的誘惑，環境的壓力，也會讓我們失去平衡。本來不想生氣結果生了氣，本來不想喝酒結果喝了酒，本來不想賭博結果卻賭博，本來不想暴飲暴食，為了克制煩惱就拚命地吃喝……，凡此種種，都是根源於內心的不平衡，最後終將演變成身體機能的失調。

平常生活中，當你發現心中有矛盾、痛苦、不平衡的時候，首先要注意你的呼吸，然後注意你的心在想什麼？然後把自己客觀化，觀察自己為什麼會生氣？生的是什麼氣？看一看你生氣時的呼吸如何？心臟跳動得如何？接下來注意你自己的感覺，是不是很不舒服？

也就是說，在內心不安定時，不妨馬上把心念移轉到觀照自己身體的種種反應，心情便會立刻平和下來。這種平衡與穩定身心的方法，非常有用，但是要經常練習。

所以，落實「心靈環保」，實際上就是運用佛法來調整我們的心；雖然不可能一下子就頓悟成佛，但至少可以用這些簡單的方法，使得身體平衡，心理平衡。

除此之外，當遇到重大困難，光是著急、痛苦，是沒有用的，應該提起心念，持誦阿彌陀佛、觀音菩薩聖號，祈求佛菩薩的護佑，給你信心和力量。其實，當你念阿彌陀佛或觀世音菩薩聖號的時候，你的心情已經是平靜、穩定下來了。

安居樂業——家業的幸福與安全

家的定義是指同住在一起的人，我們每一個人都有家，也都有不同層次的家。有家就一定有眷屬，眷是眷愛、眷顧、親愛、親近、關懷、照顧的意思，對所屬的人眷顧、關愛，就叫眷屬。在家庭中，每一位成員應該互相照顧、關懷、勉勵，彼此相愛、相助，也一定要有責任、義務，以及倫理的分際關係。

現今一般家庭，都是由大家庭分出的小家庭，所以家庭的安定力，往往比較薄弱，夫妻間常常為了一丁點小事就吵架、鬧離婚。孩子稍微長大些，就開始叛逆，甚至離家出走。

如果我們能夠從一個小家庭、小家族，慢慢把範圍擴大，把所服務的機關、公司、團體，都當成是自己的家，如此一來，心量就會寬大，而不會老是圍繞著個人的小家庭而吵架、鬧意氣。

釋迦牟尼佛便告訴我們，要以如來的事業為家務，以一切眾生為眷屬，這樣的家，範圍就非常大。在《維摩經》中，維摩詰菩薩是以一切煩惱為如來種，以一切眾生的俗眷為成佛的家業。

照顧好自己的小家庭，是菩薩行基礎，但如果能再擴大，以一切眾生的煩惱為家，荷擔起「如來家業」，那更是深廣的菩薩行願。但是大家千萬不要把順序顛倒了，一定要由小而大，才能得到真正的安全、安穩與平安。

安身——在於生活的勤勞儉樸

忙人時間最多，勤勞健康最好。

生活的節奏太快不一定是壞事，但生活得太舒服也不一定是好事。

許多人拚命賺錢，為的是「養兒防老，積穀防饑」，希望辛苦努力賺錢之後，晚年就可以享受安定的生活；似乎工作的目的，只為了讓自己的生活得到安定的保障。

因此很多人都說，老的時候最重要的是要有「老本」。但是很多人為了老本，老夫妻兩個人會吵架，和兒女、兄弟、朋友之間也會爭吵，結果老本反而變成了一個不安全的東西。

基於安全的保障，對國家來說，要藏富於民；對個人而言，則不妨將努力的成果儲藏於社會、眾人之中，把自己的安全寄放在社會上，那才是最可靠、最安全的。

若只希望自己安全、兒孫安全，十代、百代、千代以後還有得吃、有得穿、有得住，這想法不但不可靠，反而會害了兒孫。當然，首先你自己要創造財富、增加財富，然後你的家人、團體、社會，都會因你的努力而得到幸福。

人是應該工作，但工作不等於人生，人生也不僅是為了物質的富裕而工作，更不僅是為了滿足物欲的享受而勤勞地工作，乃是為了健康的身心以及感恩的奉獻而工作。

一個勤勞的人，通常是健康的，勤勞的人，身體即使不好，也會懂得照顧自己；勤勞的人，也不會寂寞。所以我鼓勵年紀大的人，雖不一定是為了錢，也要有事做，否則便是一種不健康的生活方式。

勤勞努力除了讓身體健康、心裡平安，多半也會得到物質的報酬，但是有了物質的報酬，必須節制地使用，否則為了享受物欲，對身心又會產生不健康的行為。

換句話說，勤勞工作的同時還應該要儉樸，所以「勤勞」、「節儉」這兩個原則是身體健康的祕訣。而且儉樸的結果，便會擁有很多福利，可以提供給他人，到那時候你將會是一個人人都喜歡、人人都讚歎的人。

忙忙忙，忙得很快樂！累累累，累得好歡喜！

通常我們忙的時候都會很累，累的時候就會覺得很煩，其實能夠忙也是一種幸福。或許有人會認為，忙人的時間一定很少，其實忙人的時間是比較多的，因為他會珍惜時間、安排時間、爭取時間，抽出時間來，做他應該做而且想要做的事。

身心常放鬆，逢人面帶笑。

放鬆能使我們身心健康，發生任何事，遇見任何人，都不必害怕，不要擔心，心存感謝對方，就能面帶微笑。如果經常是在緊張、憂愁、憤怒的狀態，或挖空心思、胡思亂想而又不知道自己在做什麼的人，臉上一定缺乏笑容，造成心理不健康，結果身體也不會健康。

我們應該要心中常常保持沒有需要煩惱的事，也就是頭腦裡沒有憂鬱、不滿意的事，因為世界上「不如意事十常八九」，既然已經知道，可能會有八、九成不如意的事出現，哪還有什麼不如意的呢？

知福惜福，廣種福田，利人利己，多結人緣。

所謂「得道者多助」、「有德者不孤」，若能廣結人緣，常為他人著想，把安全給別人，對方多半也會給你安全；把安樂給別人，別人多半也會給你安樂，此即「敬人者，人恆敬之」的道理。

當然，這樣做好像是捨近求遠，而且有人質疑說：「人不為己，天誅地滅。」如果連自己都不能保全自己、都不照顧自己，還能夠利益他人嗎？

我在〈四眾佛子共勉語〉裡有兩句話：「利人便是利己，盡心盡力第一。」便是鼓勵大家，以利人而為利己，但不是先利己以後再利人。不過，我們一定是先努力成長自己，照顧好自己，才有能力利益他人，成長他人；但成長自己的目的不是為了自己，而是為了他人，那麼你就會有安全了。

我個人一生之中都在求成長，為了什麼？為了「佛法這麼好，知道的人這麼少，誤解的人那麼多」。為了弘法，所以必須要自我充實，自我成長，而且是一邊充實成長，一邊弘法利生、廣結人緣，這樣同時更成長了自己。

安心——在於生活的少欲知足

需要的不多，想要的太多。

「需要」是什麼？就是少了它就不能活，例如：陽光、空氣、水分、起碼的食物、禦寒的衣服、避風遮雨的房子，在我們這個時代，基本的交通工具、電腦、電話也成為需要的，有這些必需品並不算是欲望。

欲望是什麼呢？是除了必需品之外的奢侈品、裝飾品，只為了滿足自己的虛榮，或撐場面用的東西。不過在不同的場合、不同的地位，為了配合當時的環境因緣，還是要有一定程度的莊嚴，那也可以算是一種需要，但一定要有適度拿捏的分寸。

留得青山在，不怕沒柴燒，我還有呼吸，當然滿足了。

當你的心在憤怒、憂慮、恐懼，不能夠平衡的時候，念這四句話，心就能夠安定下來。因為還有呼吸，雖然什麼都沒有了，至少還沒有死；活著還能呼吸，表示還有希望，就是一個有福報的人，又何必那麼擔心、憂慮與恐懼呢！

為了個人的私利，應當少欲知足，安自己的心。為了眾生的福利，必須盡心盡力，安他人的心。

少欲知足，就不會有強烈的欲望而貪得無厭，就能夠安自己的心了。

安他人的心是一種菩薩行為，也是一種慈悲願心，應當發起悲願來利益眾生，為他人謀求福利；否則僅僅少欲知足，不但不夠積極，甚至還有可能是消極的。

上等人安心於道，中等人安心於事，下等人安心於名利。

上等人安心於道，發菩提心、行菩薩道；中等人安心於事，給他適量而較忙的工作，他就不會自尋煩惱，或為他人製造煩惱；下等人只知安心於名利物欲的追求。希望大家至少能做到安心於事，而非追逐名利的下等人。

安家——在於家庭中的相愛和相助

家庭的功能在於成員之間倫理關係的互敬、互助、各盡其責、各守其分、共存共榮、同甘共苦、共同成長。

家庭的溫暖在於互相敬愛，家庭的可貴在於互相幫助。互助的意思，是讓需要接受幫忙的人，能夠得到幫助。幫助對方的時候，不要趾高氣昂，不要認為自己是施恩者，別人應該感謝你；而是應該心存感謝，感謝對方讓你有機會來做奉獻，有機會在為他服務之中獲得成長。

家庭倫理的責任與義務一定要遵守，也就是做父親的要像個父親，做母親的要像個母親，做太太、做丈夫、做兒女的，也都要各盡自己的責任，把自己的角色扮演好。千萬不要斤斤計較，那會出問題的，因為家庭成員就和我們的社會一樣，是分工合作、各有本分的。如果能夠如此，家庭一定會和樂平安。

凡是建立起相愛、互助的共同生命關係者，都算是家。

家的範圍可大可小，小至一夫一妻，大至一家、一社、一族、一國、一世界，凡是建立起相愛、互助之共同生命關係的，都算是一個家。

安家的要領是互相尊敬、互相學習、互相體諒、彼此關懷、彼此感恩、彼此奉獻。

光在物質上把自己的家安頓好，不算是真正的安家；真正的安家，是要使得家中的每一個人，都能各盡其力，各守其分。

家中的成員，是共同修行慈悲行與智慧行的菩薩伴侶。

把家中其他的人都當成菩薩來看，因為他們時時刻刻都是在幫助我們，都在警惕我們，讓我們有機會學習、成長。

尤其身為佛教徒，就是一名菩薩道的菩薩行者，不論家庭中每一位成員的性格、行為如何，都是增上緣菩薩，都是在幫我們成長，助我們在菩薩道上更往前走。

更何況菩薩是救苦救難的，要救苦救難，先要學著受苦受難，有了受苦受難的經驗，才能夠真正成長，才能夠真正安身安心，才會知道如何救眾生苦、如何救眾生難。

慈悲沒有敵人，智慧不起煩惱。

與家人相處時，若能常念這兩句話，家庭一定非常和樂。

以智慧來對待自己，就不會有煩惱，如果沒有智慧，就要來學佛法、聽聞佛法，藉著佛的智慧來幫助自己並照亮自己的心，也藉佛的智慧照亮他人的心，同時學習菩薩的慈悲來利益所有的人，關懷所有的人，敬愛所有的人。

安業——在於身、口、意三類行為的清淨和精進

凡是舉手投足、一言半語、舉心動念，都叫作業。

一般人所講的安業，是指對自己的職業、工作，要有安定和保障。可是若以身、口、意三類行為的清淨與精進為範圍，便已經將個人行為，以及工作都包含在內了。

我們應該注意自己的行為，安於身、口、意三業的本分，不要輕舉妄動、沒有準則，不胡言亂語、信口開河，也不要心猿意馬、三心二意，這都是我們日常生活中必須遵守的修養。

更進一步來說，修行菩薩道的人，要修兩種業：一種是「慧業」，即是智慧業；一種是「福業」，即福德業。智慧的業圓滿，就如同文殊菩

薩；慈悲的業圓滿，就像觀世音菩薩，此二種業圓滿的時候，名為福慧兩足，那就是佛了。諸佛菩薩都是以安定眾生為如來的事業，這種精神，是我們大家應該學習的榜樣。

「嬰兒菩薩」，要屢跌屢起，堅定菩薩道的願心。

發了菩提心的眾生，雖然是凡夫，雖然還有缺點，但已是在修行菩薩道的初發心菩薩，是「嬰兒行的菩薩」。嬰兒時期的人，學走路時總是搖晃著而常常跌倒，跌倒的時候多，站起來走的時間少。雖然站起來的時間少，爬在地上的時間多，還是得練習著，一直要到漸漸成長以後，才會獨立站起來。

因此做為一名「嬰兒行的菩薩」，要勉勵自己，跌倒了沒有關係，只要再站起來就好，繼續前進就能照著我們所要修行的菩薩道，一直走下去。

對自己的行為全心全力、認真負責，是敬業、精進。凡事以「利人便是利己」的觀點來考量，就是樂群、清淨。

敬業樂群雖是老生常談，但很不容易做到，縱然在平常做得事事成功，稱心如意，一旦有些波折、困擾、難題出現的時候，就會懷疑所做的工作，是為誰辛苦為誰忙？若出現了這些想法，就不是敬業樂群了。

敬業就是對自己所從事的工作，負責認真；精進是努力不懈、全心投入；如果對心力、體力、能力，樣樣都是持著保留的態度，那就不叫敬業精進了。

對自己的任何行為，都應以「利人便是利己」的觀點來考量，不為自己的利益而追求，但為他人的福利而努力，並且是以他人的遠利與近利來設想。如果凡事都能用這種心態來面對，不論在家中、公司，乃至在任何場合，相信你會很有人緣，也會很得人心。

在安定和諧中，把握今天，才能走出明天。

這不是現實主義，而是「現在主義」。修行一定是以把握現在為最重要，過去的已經過去，未來的還沒有來，只有現在這個時刻最重要，它使我們有著力點，能及時努力。

如果我們現在有努力的機會而不努力，有演戲的舞台而不演戲，錯過一個機會，就少了一次成長的因緣，那就很可惜了。所以，現在能夠讓我們做的，就要盡力做好。

在明確的方向感中，時時踏穩腳步，步步站穩立場。

在人的生命過程中，應該及早確立方向，考慮自己的才能、興趣，以及所擁有的資源，包括身體的健康、智能、願心，以此做為判斷的依據，然後找到人生的大方向。

方向確立就不能輕易改變，立場則是可以換的，例如今天做總經理，明天做董事長，今天做兒子，明天做爸爸，今天做太太，明天做媽媽，立場可以不斷地換，如果一個人的立場不換，立足點也不調整，那他大概是已經不進步、不活動的人了。

選定方向，踩穩了立足點後，一定要步步踏實，步步為營，如此做任何事業都會成功。

以智慧時時修正方向，以慈悲處處給人方便。

一般人常常會因為環境的影響、時代的轉變，種種外在因素，加上本身的條件不具足，便產生一種茫然的感覺，迷失方向，不知該如何？就好像走在三叉路口時，不知道自己的方向到底在哪裡？

這個時候就要回過頭來想一想：「我的根本大方向是什麼？」如果發現目前的狀況已經偏離原來的目標，就要用智慧的判斷來做修正。

不自私自利，自求安樂，不可不自量力，輕言犧牲，輕諾寡信。少以近利私利為著眼，多以遠利公利來著想。人品的成長，以及菩提心的堅固，才是大成功。

成功是多元化的、多層面的，不要斤斤計較於某一個特定的事件、某一種特定的情況，才叫作成功。即使一時間財富、地位、事業，都沒有成功，也千萬不要把菩提心也失掉了，不要把人格也丟掉了。縱然一切的努力都未成功，只要人格成長、人品提昇，就是成功。

凡事都必須靠各種因緣來成就，因緣往往不是一個人所能操控的，個人努力是主因，尚得有助緣的成熟，才會有成果。所以，一帆風順的時候不要得意忘形，一波三折的時候也不必灰心喪志。情況好的時候，不能沒有警覺心、沒有危機感；壞的時候也不要喪失信心、喪失毅力；很可能時機、環境、條件一改變，情況馬上就會轉好。

所以用因緣、因果這兩個觀念，能夠使你勇於面對現實，開創未來，不會怨天尤人，也不會嫉妒人、羨慕人。因為沒有永遠的失意失敗，也沒有個人的成就與成功可言。

（一九九五年三月二十五日講於農禪寺的四安講師培訓課程）

心靈環保——淨心與淨土

淨化社會必須先淨化人心

社會是許多人共同生活的環境，也是彼此進行交流和活動的場所，其中只要有一人發生異常的狀況，他所表現出來的語言行為或身體行為，就會影響到周遭的人。

目前社會的人心，都是努力於追求及爭取，似乎人生的目標，就是為了不斷的爭取，這種心態是有問題的，如果每個人都能有「盡心盡力第一，不爭你我多少」的想法，社會風氣就會改變。

淨化社會的工作，是不論地位高低、權勢大小，每個人都有責任，只要人人都能先從自己的內心做起，社會上就減少了一些問題。

淨化人心要認識自我

（一）自我是自私的我

什麼是「人心」呢？人心是極為抽象的，凡是人的觀念、人的想法、人的欲望或人的願望，都叫作人心；而「自我」，就是自私的我。

人生而自私，這是事實；大家嘴上都會說是為社會、為國家、為民族，如果捫心自問，恐怕就不是事實了。所以說：「十年寒窗無人問，一朝聞名天下揚。」究竟讀書是為了誰？又是誰在聞名呢？出名後又是誰會衣錦榮歸呢？說穿了，這一切都是為了自己。

通常，我們對別人的狀況都能夠分析得很清楚，並且提出自己的看法，凡是對他人的批評、指責、要求，都能說得頭頭是道。雖然說「知己知彼、百戰百勝」，但事實上，了解自己比了解他人更困難。因為人的眼睛、耳朵都是向外看、向外聽，很少有人會向內看、向內聽；如同伸出手來，都是指著你、指著他，指東、指西，很少是指往自己的良心，或者是聆聽自我內心審查的聲音。

也因此，我們很容易對自己的成就誇大，對別人的貢獻，雖然不一定會全部抹煞，但是心裡常常不見得認同，有時候只是覺得不好意思，口頭上勉強鼓勵幾句，也算是捧了場，至於是否真正能發自內心誠懇地讚歎，那就很難說了。

（二）自我的範圍

所謂「我」，具體的說就是個人的身體，包括頭、手、腳等都是我的，而身體又在哪裡呢？身體是生活在我們所生存的環境裡，它包括了自然及社會的環境。

身體只有短暫的存在，從出生開始，一天天成長，也一天天接近死亡。雖然身體是暫有的東西，但是在未離開這個世界之前，仍要愛惜這個身體，好好照顧它、運用它；即使有人說，這個世界很危險，即使某些宗教也說世界末日快到了，但畢竟末日尚未來到，仍要好好保護它。

如果說身體是我，那麼誰知道這是「我」呢？如果說，我的心知道這是我的；那麼，我的心又是什麼呢？

「心」是念頭、思想、觀念、信仰及精神的連貫和延續；一個念頭一個念頭連接起來，就是心的活動，當念頭停止時，心就不存在了。

「心」具有相當大的功能，它能創造世界和宇宙，也能毀滅世界和宇宙；能為我們帶來幸福，也能為我們帶來災難；世界上有許多的哲學理論及宗教信仰，就都是源於人類的「心念」。

近幾年來，臺灣的各級議會不但經常吵架，甚至打架，這就是因為觀念的衝突、思想的不同與理念的不調和，使得人與人之間產生種種矛盾。

照理說，政治家是救國救民，宗教家是救世救人的，但是，為什麼許多的政治家為了推行自己的理念，不惜發動戰爭？而宗教徒為了宣揚愛人的信仰，也不惜殺人如麻呢？為了救世，反而對世界的和平造成破壞；為了救人，結果是殺人。可見每個人的自我都有其範圍，一旦與外界有衝突時，便會產生對抗的態度。

（三）自我的層次

「自我」的內容，從小至大可分幾個層次來看：1.我的心，2.我的身體，3.我所生存的社會及環境，4.整個地球，5.整個宇宙就是我的身體。如果能將自我提昇擴大到第五個層次，自私心就會減少，安全感自然增長。

有一次，有位人壽保險公司的推銷員來向我推銷壽險，我問他：「保壽險是否能保證我不會死呢？」他說：「那倒不能。」我又問：「那還保什麼險呢？」他說：「死後能讓家屬得到經濟上的保障啊！」我告訴他：

「我的受益人是全部的眾生，所有的人都是我的受益人。」

事實上，保險的本身就已經說明我們的生命沒有保險、財產沒有保險、安全沒有保險。換句話說這個世界沒有絕對的安全，既然知道如此，更要面對事實來解決問題，這樣心裡才會覺得安全；否則，為了追求安全，結果很可能會使得身心更不安全。

淨化人心淨化環境

人心淨化之後，環境一定會淨化；環境的淨化是治標，而人心的淨化才是治本。曾經有一些研究環保的專家告訴我：「人的精神是最重要的，精神和科技互相配合時，才能真正落實環保的工作，並使之可久可大。」這是非常正確的觀念。

釋迦牟尼佛成佛之後，是先從人心的糾正、人心的改善做起，那就是心靈環保的工作；他是一位成功的環保運動大師。

佛教中講的「修行」，便是修正我們身心行為的偏差；尤其首重心理行為的淨化，因為心理淨化後，其語言行為和身體行為自然就會修正。如果心理行為未修正，僅僅是外表守規矩，可能只是為了畏懼法律的制裁或輿論的指責，那麼當他獨自一人，或與觀念行為有偏差的人在一起時，就會原形畢露，甚至說服自己：「大家都這麼做，我為什麼不能這樣做呢？」或是「不吃白不吃，不拿白不拿」、「只要我喜歡，有什麼不可以？」這都是一些歪理，當這種歪理形成風氣之後，就會為社會帶來災殃。

因此，人心的糾正必須從內心的觀念上做起，往往只要念頭一轉，觀念也會隨之糾正過來。雖然我們從小到大已經發展出的思想觀念，一時間要想扭轉過來是很困難的。但是人有可塑性，透過教育可以轉變人心，只要付出愛心、耐心，處處體諒，充分了解，溝通商量，久而久之對方是會接受的。

但是當前的教育制度偏重科技和經濟，忽視人格的教育；因此，希望今後的教育，能多關心人格教育，平衡科技與人文的發展，以淨化社會的人心。在此我提出以下幾個觀念：

（一）用奉獻來代替爭取

從小我們就被父母期待著長大能夠「出人頭地」，於是我們必須做種種的爭取，爭榮譽、聲望、財物、權力、地位，爭同情、支持等。當然，爭取成功的本身並沒什麼不好，但是在過程中如果因為自己想要出頭而打壓他人、抹煞他人，那就是不道德的行為。

不如改變觀念，以奉獻來取代爭取，奉獻得愈多就愈能顯出自己的成就；若有許多人因我們的奉獻而得到幫助，解決困難，那才是榮譽。

（二）以惜福來代替享福

在一般人的觀念裡，自己有福報時，就會運用各式各樣的資源來享受生活、享受權力、享受成果，總認為既然得到而不去享受，那不是很愚蠢嗎？

但是從佛教的觀點來說，一個人的福報是極為有限的，就像任何人在銀行裡都不可能有無限量的存款，即使是大資本家，他的存款也是有限的。而且，無論是存股票、存黃金、存美金，都不一定穩當，只要世界局勢丕變、政治制度改革、社會環境混亂，所有的存款都很可能在一夕之間隨風而去；因此佛陀告訴我們：財產為五家共有——惡政、盜賊、水、火、不肖子。

可是沒有惜福觀念的人會說：「管他呢！至少我這一生，地球的資源還不會全部用光吧？我兒子、孫子那一輩，地球也應該沒有問題，還不至於到毀滅的程度。」從佛法的立場來看，時間是無盡的，眾生也是無窮的、無盡的、無量的，只要地球存在一天，眾生就能在這個地球多活一天。

而地球本身的資源有限，如果我們揮霍無度，自己認為是享福，實際是糟蹋，是損福；糟蹋的愈多，損福就愈多。這不僅是物質的糟蹋，也是對眾生心靈的損害，所造成的惡果，到頭來仍然必須由我們自己承擔。

（三）以因果的觀念來面對現實，以因緣的觀念來努力以赴

「因果」是從時間的關係來看，我們現在所做的，未來一定會有結果出現；而現在我們所接受的，是由於過去所造的因而得到的結果。「因果」又可分兩大類，第一是共業：例如全地球、全人類共同的因果；第二是別業：每個人的生命過程，從無量世的過去到無量世的未來，一個階段一個階段，所應負的因果責任。

一般人只能看到、承認和了解歷史的因果，因為，過去人的種種行為，不論是好是壞，對人類是有貢獻或破壞，我們都在受其餘蔭或餘殃，也就是承受前人的成果。儒家說：「積善之家，必有餘慶。」意思是說如果祖上有德，子孫自然繁榮；祖上無德，做了許多壞事，必定殃及子孫。這樣的因果觀念，有時正確，有時又似乎不符事實，因為有的家庭很努力，卻絕了後代；諸如此類遺憾又無奈的事，在這世界上很多，於是有人

會說老天瞎了眼，這麼好的家庭，都沒有得到好的果報。

佛教徒相信，一個人此生幾十年生命，只不過是無窮生命之流中的一個小小段落；過去生之前又有無量的過去，此生之後仍有無盡的未來。但這個「三世」的觀念，是許多非佛教徒所無法接受的。因此曾有人告訴我：「如果你能證明給我看，我就相信三世因果。」我告訴他們，這是一種信仰，從信仰的角度來看，這是一項事實，透過過去、未來以及現在，因果就能講得通，就很合理了。

所以，我們必須面對現實，因為目前的現實，是從過去一直到現在的，同時對過去的所作所為負起責任，並且接受這樣的責任、這樣的結果。

常言道：「種瓜得瓜，種豆得豆。」可是種瓜的未必有瓜吃，種豆的未必有豆吃；未種瓜的吃到瓜，未種豆的吃到豆；有人平步青雲，有人坎坷一生。這究竟是什麼道理呢？

因果必須還有因緣的配合。「因緣」就是在由因到果的過程之中，種種主客觀的因素，有許多不是人為的力量所能掌控的，而是環境的關係。

各人有各人的因緣，因此，最重要的是，必須要以因緣的觀念，盡心盡力戮力以赴，這就是面對現實。

人間淨土是可以實現的

人間淨土這個名詞，是今日臺灣佛教界都在提倡的觀念。究竟什麼是人間淨土？它在哪裡呢？是不是真的實現了呢？

《維摩經》裡說：「隨其心淨，則佛土淨。」意思是說，如果你的心清淨，你所處的世界，就是清淨的。這並不是自我陶醉，而是只要你的心清淨，不管這個世界如何，都不受其影響時，那麼，你所見到的世界就是清淨的。當釋迦牟尼佛成佛時，他看到芸芸眾生都具有佛性，娑婆世界就是淨土，就是這個道理。

在平常生活中，我們也可以很容易感受到所謂「境由心轉」，心裡快樂時，下雨天會覺得雨景詩情畫意，天冷時舒服，天熱時溫暖。當心裡不舒服、煩亂、憂愁時，看到別人笑，都會覺得人家在對他冷笑。

我曾經看過一對夫婦正在吵架，他們的孩子在外面玩得很高興，回家時又蹦又跳又笑地叫著爸爸媽媽，沒想到母親劈頭就罵他，接著父親又給他一巴掌。其實，孩子是可愛的，只是碰到父母正在吵架，心情正不好，他就挨罵挨打了。因此，世界可以是淨土，也可以是地獄，完全由你的心來決定。

當我在指導禪修時，會鼓勵禪修者在任何情況下，都要保持內心充滿喜悅，這在佛教中稱為「隨喜」——隨境而喜、隨事而喜、隨人而喜。其實，這並不容易，因為賺錢、陞官、生孩子、娶媳婦、抱孫子時，一定可以隨喜。如果家中發生不順的事，或者聽到背後有人批評、指責你時，還能隨喜嗎？孟子說：「聞過則喜，知過必改。」聽到別人說你的過失時，還會歡喜，這是不簡單的，即使是修行人，雖然不會形之於色，也不會去反駁對方，但內心有時候還是會有一點點的波動。

不能隨事、隨人、隨時而有喜悅感的話，倒楣受損的是自己。因為人家已經跟你過不去了，你還跟自己過不去，這不是很愚蠢嗎？不如將念頭一轉，自然可以體驗到「心淨國土淨」了。譬如夫妻吵架時，如果某一方能心存隨喜，以喜悅的心，感謝有機會來關懷對方，這個架自然就吵不起來了。

夫婦之間若能彼此隨喜，互受影響，並且夫唱婦隨，就會影響他們的兒女及家人，在工作的環境中，自然也能影響共事的夥伴。一個人又可能間接或直接影響幾個人，最後可以影響到無數的人；在時間上拉長，空間上擴大，這便是《維摩經》裡所說的「無盡燈」。

《維摩經》中的這個比喻，是把我們的本性，形容為燈的光明，叫作「無盡燈」。又像是佛像背後或頭上刻畫出的光環、光圈，這個光就是智慧的光、慈悲的光，也就是清淨心的光。相對的，煩惱的心、不清淨的心是黑暗的，看不到智慧與慈悲的光。

法鼓山的四環運動

今天，我們共同生活在這個地球上，它就像一條船，如果不小心弄破船底，大家都會遭到沉船落海的命運；又如同在一個魚缸裡，只要其中有一尾魚產生排泄物，其他的魚都會受到汙染。「各家自掃門前雪」，只管自己安危，不顧他人死活的想法是行不通的，因為環境本身就是一個整體，連我們每個人的呼吸都是息息相關的。所以只要生存在同一個環境裡，不要只看到別人受害，似乎跟自己沒有關係，其實直接、間接的後果都會回報到自己身上來。

法鼓山舉辦過多次「心靈環保」的演講，並且也推動著「禮儀環保」、「生活環保」、「自然環保」的活動。事實上，我們做的只是杯水車薪的工作，因為整個大環境有那麼多人，我們要做的實在有限；但是只要目標正確，即使只有少數人響應，我們也要繼續做下去。

一九九三年年初，法鼓山推動了一次「清潔日」運動，有五千多位信眾同時在全省不同的地方打掃環境，於是就有人說：以後環境髒了，就請法鼓山的會員來打掃。這是錯誤的觀念，我們不是清潔隊，而是提倡「清潔日」的觀念，希望以此拋磚引玉，帶動風氣，期待每一個家庭、每一個人，都能像法鼓山的信眾這樣，照顧自己的家，照顧自己所處的環境，乃至到任何地方，也能照顧所居住的生活環境；那麼，我們的環境就是淨土，法鼓山的「四環」運動就算成功了。

（一九九四年三月十七日講於中央大學，何垂欣居士整理）

開發人人心中的光明

淨化人心與淨化社會不是今天才需要，而是從人類開始有社會活動的時代就已經需要，也是釋迦牟尼佛時即已努力推展的一項運動；我們不但在臺灣，同時也在世界各地普遍推展；因為我們需要清淨的人心和安定的社會。

開發人人心中的光明，所謂光明，是指清淨的智慧或正當的希望，也可以說是人性中的仁慈心和光明面；更深一層來看，就是佛性，而佛性就是必將覺悟的另一種說法。

光明與黑暗是相對的

光明是明亮潔白的照耀作用，它本身不但不吸光，還能把光直射及反射出去。如同太陽、月亮、星星和火，為自然界帶來光明；而且光明本身就是一種力量，因為光會產生熱，熱生能，能產生力量，有了力量就能為我們帶來所需的事物。

反之，如果是黑色物體，不但不能放光，還會吸光，因此黑暗和光明是相對立的，黑暗顯現之處，光明必被吸走不見或被阻擋。在人類的舞台，黑暗和光明，一直是此消彼長，彼消此長的變化著。

在我們這個世界上，自古以來，便有許許多多的善人、偉人，都曾發光發熱，把他們的力量，貢獻給當時的社會大眾，使得後代的我們，乃至於未來無盡的年代中，所有的人類眾生，都能因他們的奉獻而得到恩惠。

有一種人是自己能放光，有些人則是可以借光反光，就像我聖嚴自己沒有光，只有借佛法的光折射轉投給大家；所以縱然自己沒有光，只要有心，還是可以借光放光的。但是也有更多的人，吸收別人所發出的光明和熱能，卻永不滿足，煩惱不已。

雖然人們努力和奉獻的光明，常常會被黑暗所抵銷，可是有信心、有願力的人，仍會永不休止地努力放出他們的光和熱，提供給這個世界分享，如同歷代的聖賢豪傑。但也有更多的人，當他們的光發射出來被黑暗所吸收時，便感到失望、無力、挫折，而容易產生退心，這樣的人便是凡夫。

從佛法的觀點看，不論是凡夫或聖賢，基本上都具備相等的光、熱、能、力。尤其是行菩薩道的人，一定具有永遠為眾生受苦受難的悲願，誓願盡形壽將生命付出，將自己的光、熱、能、力，無怨無尤、盡其所有地提供給需要幫助的眾生。正如太陽永遠持續不斷地在放光明，不因烏雲的遮蔽而稍有倦怠，所以我們應效法日、月、星辰乃至於一般的燈火，不因有沒有人存在，有沒有人知道，有沒有障礙，總是始終如一、盡其在我地放出自己的光。

可能有人覺得自己沒有光，事實上，人的光是從內心發出來的，內心有信心、有願心，對人有仁義、有慈悲，就是發了光，而這種光是人人都有的。

倫理、公正照亮社會的光明

今天這個時代，倫理的觀念對現代人而言已經非常古老生疏，甚至許多年輕人都採取抗拒叛逆的態度；大家不明瞭問題出在何處，同時對新倫理的觀念也模糊不清。所以我們確實有必要，在舊道德與新倫理之間，做適度地調整。

許多年紀大的人見到我時，常會向我建議，應多提倡倫理道德，因為現在的年輕人，很少懂得要孝順父母、尊敬師長，對長官、老闆也沒有禮貌，所以希望我在演講或接受媒體訪問時，多講些這方面的道理；不過現在人講的倫理，已與過去的觀點有些不同。過去的倫理，是單向地要求對方盡責任，但現代的倫理則是雙向的互動，這才是真正佛教的觀點。

倫理就是社會的關係，也就是人與人之間的互動關係。對做父母的人來講，應該對兒女盡責任；對兒女來講，也應該對父母盡責任。可是，如果僅僅要求對方盡責任，那也是不合理、不公平的，必須要檢討，因為那已不適用於現代社會。

最近有一位二十多歲的男孩子，被父親請警察把他送到精神病院好幾次。這年輕人來找我訴苦：「我並沒有精神病，但是父親總認為我有精神病。」

我向這年輕人勸說：「中國古訓有言，天下無不是的父母。」

他卻說：「這句話對於我的父親，絕對是錯誤的，我是他兒子，他卻把我送往精神病院，哪有這樣的父親？」

我問他：「究竟是什麼原因造成這樣的狀況？」

他說：「只因我連考了三年才考取大學，而我不想念那所大學，又打算重考，父親便把我當作精神有問題。」而且從此以後，他考試都不及格，為什麼呢？因為他抗拒念書，他質疑念書究竟是為自己，還是為父親？

這件事從他父親的立場看，兒子有了精神問題；但從兒子的立場看，父親的行為則是錯誤的，這實在是做父親的，望子成龍的心太急，不了解兒子有他自己的想法，所以適得其反。

另一個例子是，兒子要結婚而父母反對，使得親子間產生對立的情況，甚至鬧著要脫離關係。他們的父母來找我，我說：「現在要結婚的，究竟是你們兩位老人家還是你們的少爺呢？兒子選擇結婚對象，有他自己的標準呀！」

他們說：「不可以，是我們的兒子就得聽我們的話。」結果這個兒子離家出走了。

後來，這一對父母又來找我，我告訴他們：「讓兒子自己決定他的婚事吧！」

他們又問：「難道讓他們結婚就沒事了嗎？」

我說：「操心就有事，放下便無事。」

之後，他們的兒子也把他的女朋友帶來見我，我說：「你們結婚之後，會不會照顧父母呢？」他們說：「當然會。」我也勉勵他們，結婚後要相敬相助，勤儉持家，別讓父母說中他們結婚會不幸福；這對青年男女聽了，便流著感激的眼淚。果然結婚之後數年，一家和樂相處，現在已是祖、子、孫三代，經常來我們寺裡禮佛、共修。

像這樣的父母，從舊倫理來講是沒有錯的，父母之命、媒妁之言，在舊社會中是正常事，現在則不一定能行得通。現代人應該尊重已成年的兒女，讓他們有自己的選擇權，父母關心兒女的婚事，可以提供意見，卻不應該強制他們接受父母的安排。

雖然現代倫理關係要重新檢討，但還是需要有所規範，譬如父母的責任、權利應僅止於親子之間單純的關係，那就是關懷與被關懷，尊重與被尊重，逾此範圍，不成控制，即成對立，那便不是合理、公正的倫理了。

另外，人和人之間應該站在自己的立場，盡自己的可能，恰到好處地盡自己的責任。例如母親可能也是太太，同時又是女兒、媳婦、婆婆、學生、老師或老闆、職員等等，在不同的場合，具有不同的身分。如果能在不同的場合以不同的身分，恰如其分地盡到應盡的責任義務，便是實現了人間應有的倫理關係。

但千萬不要只站在自己的立場，以自己的身分去要求別人；例如做母親的，只知要求子女應如何，或做太太的，只知要求先生應如何，而不知道反求諸己，這便會為旁人帶來不安、困擾與不平。如果每個人都能自我要求，盡自己的倫理責任，那麼這將會是個光明的世界，因為盡責任就是放光發熱，輸送溫暖的力量。

有一次我出席一個國際性的會議，坐在一位比丘尼的旁邊。這位比丘尼，有時上台演講，有時當主席主持會議，我則一直坐在原位做聽眾。我的一位在家弟子看到這種情況，回來之後對我說：「師父！您不是研究戒律的嗎？怎麼比丘尼坐上座、坐中間，師父已是上座比丘，反而坐在下面和旁邊，這成什麼體統呢？」

事實上，我並沒有錯！是我的那個在家徒弟錯了，因為這位比丘尼是會議的召集人，是主席，當然是他坐主位了。這種賓主、主從的關係就是一種倫理；應視場合身分而看待當時的倫理關係，不能一成不變地去對待多樣性多元化的現代社會。在釋尊時代，大概沒有比丘尼在僧俗四眾之前，上台演講或主持會議，因而無此慣例，但現在時代不同了，這是一種新的倫理關係，但它是合理公平的。

我們的社會是錯綜複雜的，但也是有條有理的。這些條理，就是倫理，如果倫理沒有長、幼，上、下，那麼這個社會就會混亂。一個人在不同的場合，乃至相同的場合，對不同的人，就具有不同的身分和立場，如能恰如其分地盡其責、守其分，這樣的社會將彼此互不妨礙，非常和諧、寧靜，人人皆能發出內心的光明。

社會混亂、失序的原因，就是倫理觀念的破產。希望大家都能守我們自己的本分，盡我們自己的責任，這個社會就會一天天好起來。當人的內心發出了光明，他的周圍便會出現淨土。

慚愧、懺悔、感恩是照亮自心的光明

一個人如不知慚愧和懺悔，便是不知自我反省、不知自我檢討、不知自我認識的人，這種人的內心是沒有光明的。光明具有照亮的作用，能對自己了解，也對周遭的人事清楚，即是「知己知彼、百戰百勝」的道理。

為什麼知己在前，知彼在後？因為一個人如果對自己不夠了解，只知自己的優點，而掩蓋自己的缺點，就容易誇張了優點，變成驕傲、自大、自以為是的人，不但把自己的心光遮住，也容易歧視他人，這是愚蠢的人，必然不受歡迎，除非是基於利害關係，才會有趨炎附勢者的簇擁，否則這種人是不能以德服人的，並且由於自心無光明，也就不能以悲智照亮他人。

在一次禪七修行後的檢討會上，有一位非常優秀的知識分子，他才三十多歲就當了教授，他報告說，在參加禪七前，他自認為是很有道德、很有品格的好人，而且他周遭的人，也如此認同他；但在打完禪七後，才發現自己不是那麼好的人。因為過去他只知以自己的觀點去幫助人，很少考慮到對方真正的需要，忽略了被助者內心的感受。在禪七中師父開示，要尊重他人、體諒他人，不要把自己穿慣的鞋子給所有的人穿；他這才自我反省，原來過去的助人，其實只是在膨脹自己。

我讚歎他說：「你本來就是一個好人，在參加了禪七修行之後，更進一步，懂得自我反省、自我檢討，助人的存心會變得更踏實了。」他答覆我：「慚愧！慚愧！」

一個人在修行之後，能夠自知慚愧，懂得自我檢討，會使他的人格更為提昇，能使小的心光，變成巨大的光明，使感動人的力量更大，從而對他人產生道德感召。

民初四大師之一的印光大師給他自己一個封號叫「常慚愧」，意思就是經常覺得自己很慚愧。連一代高僧如印光大師，都常覺得慚愧，更何況是一般人呢？

在了解慚愧的意義後，請常用這個方法來反省自己的一切言行，那麼我們心地的光明便會愈來愈強，心光愈強，對自己及他人就愈有益。例如做母親的在教導孩子時，常常會在跟孩子講道理卻無效的情況下，動手打孩子，但往往在情緒較平復後，便後悔原先的舉動，此時如果能向孩子說明自己動手打他的緣由，並表明對自己的行為感到慚愧，孩子的憤怒、恐懼便能得到緩和。至於孩子的這一方，在被母親打了之後，也不應心生怨恨，而當反省自己，因為不當行為而導致母親的傷心難過，也應向母親表達他的慚愧心。

親子之間，如果能夠相互常存慚愧心，即使有任何衝突不愉快，也能化干戈為玉帛，親子的關係會趨於和諧，家庭便能安定、溫暖，對孩子的教育也較易成功。夫妻之間如果也能常存慚愧心，一定會是圓滿和樂的。

但僅具慚愧心還是不夠的，需要更進一步，要懂得懺悔。佛學上對「業」，有兩個專有名詞，那就是「白業」和「黑業」，白的是善業、是功德，黑的是惡業、是罪過；白的是光明，黑的是黑暗。懺悔就是要把黑的漂白，讓白的更白，變成光明，照亮自己也照亮他人。

心中如果有見不得人的事，面對它，承認自己的不是，心中的負擔、壓力會因而減輕，這便是懺悔的功能。當自覺惡業很重的時候，懺悔之後，身體會比較健康，心理會比較輕鬆，這就是轉黑暗為光明。

懺悔除了承認自己所犯的錯誤，還要進一步承擔起責任和後果，並下決心從此改過遷善，不再犯同樣的錯誤。可是一般的凡夫，經常犯錯而不知錯，即使知道了，還以「人非聖賢，孰能無過」這句話來自我安慰一番，像這樣不知改錯的人，叫作不知懺悔。一個知道懺悔的人，也一定是知道慚愧的人；因此知慚愧後一定要懺悔，懺悔了就一定要改過，從此不要再犯同樣的錯誤。

懺悔，輕者自責己心，決定悔改；重則向佛菩薩懺悔，由佛菩薩證明自己要負起這個責任，從此以後要將功贖罪。通常我們對一個已經認錯並要改正的人，多半會給予自新的機會，不至於逼使他無路可走，更何況已由佛菩薩證明悔改；故在業障現前時，在佛前懺悔是真有效用的。

懺悔的作用相當大，能使人的品德提昇，自己懺悔錯誤，也能影響他人跟著學習。懺悔錯誤之後的人在心理上的壓力自然減少，同時來自社會的壓力也會減少，所得到的果報也會減輕，對於家庭的幸福、事業的發展、社會的和諧，亦有無限的裨益。因此，我們應當常常保有懺悔心。

用慚愧心看自己，用感恩心看世界

佛法的修行法門有八萬四千種，也可以說有無量無數，那是因為人有無數無量的煩惱和問題，佛法因應需要也有無量無數、從各種不同角度來解決問題的方法。對於如何開發內心的光明，方法也很多，除了慚愧、懺悔之外，還可以用感恩的心來看這個世界。

一般人很少會想到別人給了自己恩惠，卻常記掛自己付出了多少代價和努力。其實仔細想想，每個人付出的實在是太少，獲得的則是很多。例如這篇文章的完成，從時間上看，有逾二千五百年以上之因緣，因為我的法源從師父、師祖……，可以直推至釋迦牟尼佛為止，而每一位祖師都是跟隨許多善知識學習而養成的，不是一個人就能夠獨自成為一位高僧或祖師的。從空間上說，這篇文章的出版、印刷、發行，所結合的人力、物力，他們所付出的智慧、心力也是很多。

所以任何一事，其相關的因緣是相當地廣泛，因此我們隨時隨地都在接受著無數人的恩惠。即使是一粒小小的米，都代表著許許多多人的貢獻。因此，朱子家訓有言：「一粥一飯當思來處不易，半絲半縷恆念物力維艱。」這便是一種飲水思源的感恩觀念。

能有感恩的觀念，就會時時刻刻想到如何報恩，若要報恩，就必須成長自己、健全自己，也就是要使自心發出智慧光及慈悲光，讓現在的人及未來的人，都能見光、沾光，並且放光。

（一九九三年三月二十日講於高雄市三信商職大禮堂，蘇麗美居士整理，作者於一九九四年六月二十一日在紐約修訂成稿）

現代青年的生活環境與身心安定

現代青年如果能學會不論遇到何人、碰到何事、發生何種情況，都能使自己的身心安定，也就是練成處處安身、時時安心的修養工夫，就能夠左右逢源而萬事如意了。

「現代」的定義是可廣可狹的。廣是指自十八世紀末的工業革命以來，都可稱作現代；狹則是指目前的時代，也就是當代，或稱為時下。

現代與古代的不同之處，是科技文明使得人類生活環境快速地變遷，空間感縮小、時間感加快，連帶著人類的價值判斷及生活方式，也跟著快速改變。而新事物、新知識、新消息，更形成了一波接著一波的新誘惑及新壓力，使得人類的內心，被擠壓得喘不過氣來。

年齡層較高的中年人及老年人，雖然也同樣受到這些情況的衝擊，不過他們已能學習著去面對、去適應。但對青年人而言，雖然可塑性高，可是心向未定，所以可染度也高。

因此，在現代社會的生活環境中，青年人的身心，是很不容易安定的；茫然的失落感，使得他們在缺乏目標的情況下，雖然擁有許許多多的幻想，卻不知道省思自己的將來，只一味地追求夢想，追求成功，企圖為個人前途，創造奇蹟式的未來。

就這樣隨著生活環境的快速變遷，青年人的身心也被捲入了這種多變的現實漩渦中；除了極少數的例外，多半的年輕人便在這種苦悶中接受衝擊，使得他們的身心更加不安定。

心靈本質永遠相同

其實，時代雖有古今的不同，環境雖有新舊的差異，生產的文化雖有人力勞動與機械科技之間的懸殊，然而人類心靈的本質，卻是永遠相同，也是到處不變的。

從人性的分析來看，人類的心靈可明可暗、可善可惡。但既然稱為人性，就必然與物性不同，所以棄暗投明、抑惡揚善是人的天性。只不過人們往往為了追求個人的便利及一己的安全，便會傾向於自私自利。

不過自私並非就是可惡，多半是為了貪圖眼前近利，而失去遠景，為保自利而損害他人；尤其是青年人因涉世不深、思慮不周，心志往往隨著環境的誘惑與刺激，只能看到目前的近利；想到的，也僅及於個人的私利而已，以致於常常會跟著時代環境的風暴，團團打轉，不論是求學、就業、交朋友，乃至結婚成家，都沒有一定的準則，既讓他們自己陷於苦惱，也會讓他們周遭相關的人及生活受到困擾。

自有人類以來，人心就有煩惱，原因就是為了自求安全的保障，結果反而可能侵害到他人的安全，以致人人都失去了安全，又造成人人自危，無法安心。

事實上，生存於世間，不可能有絕對安全的保護，也不可能有絕對安全的地方，人們若能坦然面對這一事實，接受它、處理它，便能安身，也能安心了。雖然年輕人較少考慮安全保障的問題，而較著重於自我的伸展，可是，盲目而無原則的伸展自我，也會為自己的身心帶來不安。

建立正確的志向

青年人想要伸展自己的長才，追求美好的未來，這當然是值得鼓勵的一種進取心。在佛教的立場，也鼓勵青年人要有大志向，要有新抱負，要有勇往直前的求學熱誠與創業精神。例如《華嚴經》中的善財童子，就是一位標準的佛教青年，他為了追求自己的理想，不惜千辛萬苦，遍歷千山萬水，訪問了五十三位大學問家、大宗教家、大教育家、大政治家、大事業家，乃至各行各業的專家。

可是，一般人觀念中的大志向，總是脫離不了名望、財富、權勢、地位，但如果人人都是如此，就會造成爭奪的不安。追求到了的人，一方面害怕失去，一方面又希望求得更多，心中還是不安；追求不到的人，便有失落感而成為遊走於社會邊緣的失意人，他們在正常的社會中無法獲得肯定，便別走蹊徑，另尋伸展自我的活動方式了。

我在美國見到許多美國青年，如果遇到學業、家庭、工作上的瓶頸時，便會暫時擱下一切，去過一陣子浪遊的生活，當他們在遊歷各地一段時日之後，心情緩和了，便會再回到學校或再找工作。

又例如我在美國遇到不少醫師及律師的兒子，他們並沒有進入大學繼續念書，反而是去從事勞力的工作，不但他們自己不覺得有何不妥，連他們的父母也不覺得有什麼丟臉。因為他們尊重個人的性格及性向，並不強求青年一定要成為什麼樣的人才，不過美國的父母畢竟不像中國父母那樣，不會把自己的希望完全寄託在兒女身上，所以他們的青年便有較大的自我發展空間。

其實，做勞力的工作及勞心的工作，只要能身心安定、健康，又有什麼不可呢？

給現代青年的建言

所以，我願給現代青年四點建言：

（一）認識自我的能力和興趣，選對自己應該走而又可以走的路。

（二）安定身心於現實的環境，不但面對它，還要接受它、改善它，然後放下它。

（三）確定一生的方向，在既定的方向與認知內，步步踏穩，時時向前，儘管經常變換立足點，但千萬不能失落了方向感。職業和執掌可以改變，人生的方向卻不能改變。

（四）對於名、利、權、勢、位，不必排斥，但卻不能僅是為了名、利、權、勢、位的追求而生活。生活的目的應該是平安快樂，生命的價值應該是自安安人。

對政府與社會的建言

為了現代青年的幸福，對於我們的政府及社會，我也有四點建言：

（一）讓不同性向及不同天賦的青年，有學習所長、發揮所長的教育環境及工作環境。

（二）尊重那些失落自信心的青年們，用教育設施及社會資源，幫助他們重建自信心。

（三）鼓勵政府及民間增設青年活動的項目，讓青年們蓬勃旺盛的體力及好勝鬥勇的性向，獲得規律、正常的紓解與肯定。

（四）人品、家庭及社會價值觀的評斷，不要用學校的分數、知名度的大小、財富的多少、權勢的強弱、官位的高低來做標準，應當以各人先天的條件及後天的努力來衡量，凡是盡心盡力來成長自己、利益他人的人，便是一位成功者。

社會大眾對於現代青年的安定成長都有責任。由於人心浮動、社會不安，青年才會徬徨；所以法鼓山特別提倡安心、安身、安家、安業的「四安」運動，讓我們大家努力建設一個安和樂利的明日世界。

（一九九五年七月十五日講於臺北安和分院「其實你不懂我的心」座談會）

佛法與教育

佛的意思是覺，就是智慧的意思。佛法的教育是從智慧的立場及態度，來推動慈悲的教化功能。

慈悲是什麼？「慈」是予樂——給人安樂；「悲」是拔苦——救濟人的痛苦、苦難。把人從苦難之中救出來之後，一方面主動給予他們幸福安樂，另一方面則是準備好安樂的環境給他們，這就是佛法的功能。

在我們的人間，何處沒有苦難？又有誰不需要安樂？所以站在佛法的立場，教育的對象是沒有特定目標。法鼓山四項共識中，「我們的方法」

是：「提倡全面教育，落實整體關懷。」這不但是法鼓山辦教育的具體作法，也可說是佛教的教育。

胎兒期教育——父母身教

母親在懷孕時，對胎兒的教育叫「胎教」，胎教怎麼教，是用語言教呢？還是用文字教呢？其實，應該是母親在剛懷孕時就要教育自己，教育自己不要生氣，不要動情緒，不要起貪、瞋、癡。因為如果母親的心態有問題，情緒不平穩，小孩子在母胎中便會受到惡質的影響。

從佛經中可以看到釋迦牟尼佛非常重視胎教，並且講述了自己在母親胎裡的情況。例如在《大藏經》本緣部裡面就有一部《佛本行集經》，講述釋迦牟尼佛從入胎，一直到出胎為止的過程，以及他的母親對他的胎教。經文中記載，佛陀的母親在懷胎過程中，彷彿有一個菩薩在她腹胎中，不但心裡不起一點煩惱，連一舉手、一投足，每個動作、每個念頭，都是那麼有威儀，合乎禮貌，乃至於合乎聖賢的標準。

由於胎教非常重要，所以對於剛結婚的夫妻，如果計畫生育小孩，我都會提醒他們，應該馬上準備胎教，改正不良的生活習慣，作息循規蹈矩，否則當你還在喝酒、打牌、抽菸，甚至吸毒時，如果已經懷孕，便已毒害了你的小寶寶、小菩薩了。如果要等到懷孕以後才開始注意胎教就已經太遲了，而且那時候習慣已經不容易改變。

如果能夠真正落實胎教，當父母把小孩子生下之後，父母本身必也同時被教育了。所以胎教對胎兒、對父母都是很重要的。

嬰兒期教育——注入慈悲與智慧

小孩子出生後，就開始嬰兒期的教育。不要以為嬰兒什麼也不懂，不教育沒有關係。嬰兒在英文裡稱為 it（它），不是叫 he（他），或 she（她），因為以前人認為嬰兒不懂事，其實這種想法是錯誤的。

佛教徒認為嬰兒都是小菩薩，我們不但要尊敬他、尊重他，還要小心照顧他、教育他、熏陶他。嬰兒雖然不懂事，可是父母的心情是能夠影響嬰兒的，所以要用慈悲心、愛心，用智慧來養育小寶寶。這期間，父母也等於是在教育自己了。

曾經有一對夫婦生了一個孩子，一出生就是畸型與心智障礙，醫生告訴他們說：「你們將來有罪受了，直到小孩死了為止，他永遠是要受人照顧的，你們要有心理準備。」或許有些人聽了便會一走了之，把孩子留在醫院裡，置之不理。

但是這對父母因為是佛教徒，所以他們說：「這也是我們做父母的業報，連累到孩子，使孩子受苦、受難、受罪，所以，這輩子我們一定要好好照顧這個小孩。」

之後，他們帶了孩子來見我，請我給他們祝福，我除了關懷、祝福他們，也告訴這對夫婦：「第一，盡量找醫生以醫療照顧他；第二，勤做佛事，一方面多行布施，一方面要常念觀世音菩薩。」

他們聽了我的話之後，不但以極大的慈悲心、愛心、細心來照顧這個小孩；還經常持誦觀世音菩薩聖號，勤做布施，為這小孩做功德。就是因為父母這樣做，把小孩當成菩薩來照顧，孩子便受到影響，在各方面都有進步與成長，目前不但家庭和樂，事業也做得很好。

兒童期的教育——建立宗教信仰

孩子進入兒童期後，教育就愈來愈重要，這時候做父母的應該要帶孩子來學佛、信佛。現在很多父母親自己皈依三寶，卻不要孩子學佛，認為孩子還小沒有選擇能力，強迫他們到寺院皈依是不公平的，應該讓他們長大後自己做選擇，其實這種論調絕對是錯誤的。

如果孩子在小的時候，時常看到觀世音菩薩的形像，禮拜觀世音菩薩，念觀世音菩薩聖號，講佛教的兒童益智故事給他們聽，教他們懂慈悲、有智慧，自然而然看到青蛙、蒼蠅、螞蟻都會不忍心殺，長大以後就不容易學壞。

所以不妨從小就讓孩子建立宗教信仰，不要等到他長大了，進入所謂的「叛逆期」，發現孩子出現問題了，才要他們接受宗教，這時候就很困難了。

學校教育——著重人格教育

學校教育可以分為知識的教育、人格的教育以及技能的教育。技能教育是教人一技之長，以便往後能謀生存，維持生活；知識的教育是在傳授學問；人格的教育是使得人的品格提昇。在這三種之中，以人格教育為基礎，為最重要。

我對我所創辦的中華佛學研究所的學生有三點要求：「道心第一，健康第二，學問第三。」我們研究所本身雖然是在傳授知識學問，但是我勉勵學生們要把道心擺在第一。

道心的意思是什麼呢？就是人格教育、人品教育。一個人如果沒有道心，表示他的人格有問題，品德有問題；一個品格有問題的人，學問再好，對我們這個社會及世界是沒有好處的；尤其是人品壞、學問好的人，反而會以聰明才智犯罪，造成更大的傷害。所以品格教育是第一要緊，寧可學問差一點也沒關係，但品格是一定要有。

健康為其次，除了身體的健康之外，還要有心理的健康、精神的健康，如果身體和心理不健康，這個人便會為他自己製造困擾、煩惱、痛苦，也會為和他一起生活的人帶來麻煩、負擔與痛苦。

學校教育不但要朝人格教育、身心健康與傳授知識這三個方向來做；而且應該如同孔夫子所說的「有教無類」，對任何人都不失望；這也就是佛法所認為的，一切眾生都有佛性，人人都能成佛，所以都是能夠被教導的，只是在不同的情況下應該給他不同的教育，這也就是佛法教育的基本原則。

（一九九四年九月十日講於宜蘭，法鼓山宜蘭辦事處整理成文）

家庭美滿與事業成功

從禪修者的立場，談家庭美滿與事業成功的原則，可以用兩句話來表達：「以全心全力關懷家庭，用整體生命投入事業。」

如果能夠全心全力關懷家庭中的每一位成員，不論貧富貴賤，必定會使得全家老少健康安樂；如果能夠用全部的生命從事工作，不論職位的高低大小，也必定能使自己和他人同享成功的經驗。

物質生活的富足，未必贏得家庭的美滿；而虛有其表的風光，也未必算是事業的成功。唯有使得一家大小都能感受到被尊重、被關懷的溫馨，家庭才會美滿；唯有投注全部身心於所從事的工作，才能有「三百六十行，行行出狀元」的表現。

家庭親子，互敬互助

現代人由於過分強調個人，因而形成了親子間的代溝、夫妻間的裂痕，甚至兄弟姊妹間的隔閡。一家大小雖然生活在一起，卻各懷各的心事，不但一味要求對方配合自己，甚至彼此爭權奪利；到最後父母不明白兒女的心事，子女不體諒父母的苦心，丈夫與妻子彼此互不信任也互不相讓，幾乎每個人都對家庭失去了信任及安全感。

結果，年老的父母被送進老人院，少年的兒女性格叛逆，青年兒女也離家求獨立，連男女間的婚姻也顯得非常脆弱，人人稱羨的「美滿家庭」幾乎只成為一句口號、一種夢想。

其實，夫妻之間如果能夠相互尊重、相互體諒、相互學習、相互忠誠、相互關愛，那麼建立美滿婚姻的家庭，就不是一件困難的事。

經營事業，努力踏實

另外，社會的價值觀念混亂顛倒，多數人只知道以財產、名望、地位和權勢來當作事業成功的價值標竿，卻不知道這是要靠先天的福報以及後天的努力才能促成的。如果沒有先天的福報，單憑後天的努力，未必能在名利與權位上獲得稱心如意的滿足感。

許多人不明白這層道理，於是為了追求一己的私利，罔顧他人私益與群眾公益；企圖從社會的夾縫、法律的漏洞中，施展巧取豪奪、假公濟私、偷天換日的手法，無形中傷害了許多無辜的眾生，並且擾亂社會風氣，一時間看似飛黃騰達，終究還是會受到法律的制裁，以及社會輿論的撻伐；就算暫時逃過了，也仍舊逃不出未來的因果業報。

因此，追求事業成功的理想，固然沒有錯，然而不合因果觀念的盲闖瞎拚，只會變成害己害人的狂徒惡漢和社會的罪人。

由於現代人普遍都是貪圖眼前的近利，在個人自我意識受到壓抑之時，便容易生起異動的念頭。所以現在各行各業的人事流動率日漸升高，甚至很多人是改行又改行，跳槽又跳槽，而在這種工作不穩定的狀況下，身心勢必無法安定，連帶的也造成家庭的不幸福。

當然，如果是階段性的轉換、計畫性的改行或調整性的陞遷，那都是成長的過程，也是邁向成功之道的必經步驟。可是如果是時時不滿現實的工作環境，不願全心全力投入於當下所從事的工作，就不可能從任何行業的任何工作中，獲得成功的果實了。

忙人時間最多

現代人幾乎無人不忙碌，為了賺取生活所需，往往不只有一項工作，有時還得身兼數職；也許白天已為個人的事業或工作累得喘不過氣來，晚上可能還有不得不出門的交際應酬。於是有些人因為忙於事業而疏忽了對家庭的關懷，每天早出晚歸，往往一星期之中難得跟子女打一、兩次照面，甚至夫妻之間也難有充分的時間來互相溝通。在如此繁忙而緊湊的生活中，該如何將家庭和子女照顧妥當，的確是一個大問題！

但是，以我個人的經驗，以及我的見聞所得，卻可以證明「忙人時間最多」，因為只要有心，「忙人」會充分運用時間、分配時間，兼顧家庭與事業的雙勝雙贏。

我自己雖沒有妻兒的小家庭來拖累，但卻有寺院的大家庭以及僧尼徒眾們的管教養衛，是身兼父母和老師的三重責任。我必須全心全力經營寺院、關懷徒眾，在極其繁忙的弘法日程中，總不忘對每一位弟子愛護關心，有時是採團體方式的討論指導，有時則用個別談話來開示勉勵。俗語說「知子莫若父」，我是他們的師父，我應該是他們心目中的知己者，他們才會心甘情願做我的弟子。

同樣地，身為家長如果不知道子女的性向、性格、興趣、資質和潛能，也就沒有辦法指導子女，協助他們來選擇前途；如果不能陪伴著子女一同學習成長，做子女心目中的知音、知己，便不能取得子女的信賴，讓他們感到安全。

全心全力照顧家庭事業

對於家庭與事業，只要全心全力付出，必定能夠雙贏全勝。

我在指導禪修時，經常提醒大家：「活在現在，佛在現在。」意思是：及時努力、及時心安，以「一步一腳印，一印一個坑」的態度，提醒自己人生短暫，必須步步踏實，生命才有價值。

若在現實生活中，隨時隨地都以全生命去適應、感受，事後不牽掛其成敗得失，那就是「面對它、接受它、處理它、放下它」的真義。

總而言之，只要家庭中每一位成員付出真誠的關懷，體會彼此的心境，不一定要花費太多的時間，就能使家庭幸福美滿；對於事業，只要在工作時全力工作，在思考時全心思考，在處理問題時，將全部生命投注進去，就能獲得輝煌的成果。

即使在物質方面沒有收穫，但對於身心的安定、經驗的成長、社會的貢獻，卻都是值得肯定的成就。

（一九九五年八月十二日講於臺北安和分院「追求美好的成功人生」座談會）

佛化家庭

過去佛教經常被誤認為是消極、厭世、逃避現實的，甚至以為凡是學佛的人，都應該出家，就應該沒有家庭；信仰佛教的人，就必須脫離人世。

其實，在釋迦牟尼佛的時代，在僧、俗、男、女四眾的佛教徒中，只有少數人出家修梵行，絕大多數的佛弟子，都還是在家人。因此，佛法的觀念與方法對家庭必定是有幫助的。基本上，佛教對於家庭的看法，是從淨化婚姻，建立佛化家庭開始；而當家庭淨化後，社會人間也就淨化了。

淨化人間，必定要淨化社會

淨化人間的目的是為了要淨化社會，淨化社會的目的是為了淨化世界。佛教徒希望把佛教所說的淨土，在人間落實建立起來。

淨化人間的著力點，是從淨化家庭開始

淨化家庭要從淨化婚姻開始。家庭的組成，是從男女結合的婚姻開始，所以近世以來，佛教界都在提倡佛化的婚禮。法鼓山除了推動佛化的聯合婚禮，並且也編了一本小手冊，叫作《佛化婚姻與佛化家庭》。

佛化的家庭必須具備三個條件

（一）孝敬父母如同禮敬供養三世諸佛

佛教徒稱呼父母為「老菩薩」，便是要把父母當成佛菩薩一樣地恭敬、孝養。對於已婚的男女而言，各有兩家的父母，男的有父母及岳父母，應當平等敬養，女的有父母及公婆，必須兩者兼顧。

（二）夫妻是同修淨業的菩薩伴侶

我們中國人說，夫婦應相敬如賓；對佛教徒而言，夫妻之間應彼此當成同修伴侶，互以「我家師兄」和「我家師姊」相稱，把對方當作共創幸福的善知識來看，彼此相敬、相讓、互助、互諒並互相關懷。

（三）對於子女要像母雞帶小雞那樣地呵護備至

中國人所說「養兒防老」的觀念，佛教徒並不贊成。佛教徒對子女的愛護和教養，目的不是為了防老，乃是為了負責，畢竟每個人的福報與業報，各有因果，各有因緣。父母教導兒女建立孝敬父母的倫常觀念，卻不必指望兒女一定要奉養父母，否則當指望變成失望之時，便會衍生出無窮的煩惱。

家庭的成員當各盡其責任和義務

（一）對夫妻雙方的家庭

現代人在婚後應該對於三個家庭，負起關懷的責任：

1. 婚後由男女兩人組成的小家庭，是夫婦兩人自己的家庭。
2. 對父母的家庭，包括父母以及和父母共同生活的兄弟姊妹的家庭。
3. 對於岳父岳母的家庭，公公婆婆的家庭。

（二）對子女的教養

婚後的男女，如果計畫養育下一代，就應負起做父母親的責任和義務。做父母親應該有三個條件：

1.若希望子女的身心健康，則在懷孕之前，夫婦兩人都要保持身心的平衡與健康，否則對胎兒將造成不利的影響。

2.太太懷孕後，夫婦兩人更應該經常保持身心的平衡和健康，否則會影響胎教。或許會有人認為：「丈夫大概不需要做胎教的工夫吧？」其實，丈夫如果對妻子發脾氣，是會影響妊娠中太太的心情，間接也影響了小孩子；因此夫妻兩人都應該共同擔負起胎教的責任；乃至在子女出生之後，一直到子女成年為止，父母都必須為了兒女的教養，而經常保持心平氣和的健康狀態。

3.除了胎教外，佛教徒也特別重視對子女的管教，做父母的，除了自己要有平衡和健康的身心，更應該以身教、言教陪同子女一起成長。此外，佛教徒把子女稱為「小菩薩」，是以迎接菩薩的心態來歡迎子女的出生，把他們當成是來成就自己修行的人，成就自己行菩薩道的人，所以要和他們一起成長。

佛化家庭應有的經濟原則

（一）正命營生，不違五戒

用正當的方法，以自己的體力、技能、智能、資本、智慧來謀取生活的所需，但是要盡量避免從事與佛教五戒相違背的工作，那就是不可以從事殺生、偷盜、賭博、邪淫、妄語，乃至於買賣酒類等的行業。

（二）量入為出，妥善規畫

經濟的收入應該要量入為出，不做守財奴，只知賺錢而不用錢；用錢則可依：家庭的生活、營利的資本、資產的增加、儲蓄生息、布施行善等五個方向來規畫。

（三）孝養周濟，布施行善

除了家庭、儲蓄與經營所需之外，盈餘的財產也應該用在孝養父母、救濟幫助親戚朋友，以及布施貧窮，供養三寶，做宗教慈善文化教育等公益事業。

總而言之，現代家庭應該要有宗教的生活，而佛化家庭的宗教生活，應該由佛化婚禮開始，然後用佛教化的觀念和生活方式來教育子女，同時每天要有定時定數的修持恆課。

（一九九四年九月三十日講於輔仁大學）

日常生活中的佛法

什麼是佛法？

顧名思義，佛法就是佛陀所說的法要。釋迦牟尼佛在人間說法四十九年，他所說的法並不是要人把它當作一門知識學問去研究，而是教我們如何離苦得樂。因此，佛法本身就是具有實用價值的。

佛法的基本思想——知苦與離苦

佛法的基本思想，說的無非是知苦與離苦。知苦是生活的事實，離苦則是生活的目標。

曾經有一次我在演講時，問聽眾說：「有誰結婚超過十年，而夫妻從來沒有吵過架的？」結果，有位立法委員舉手，他們夫婦兩人都是三寶弟子，互以同修伴侶相待，所以不曾吵架。

要做到夫妻不吵架，看似困難，其實也很容易。只要想想，當對方找你吵架的時候，你已經覺得很不是滋味了，假如你再還以顏色，一定是雪上加霜，苦上加苦，自己受了苦，還要叫人家也受苦，彼此苦苦相逼，何苦來哉？

但是這個道理雖容易聽懂，卻不容易做到，即使是身為佛教徒，在境界來臨的時候，往往也經不起考驗。例如有些人就會說：「他害我這麼苦！我也要叫他嘗嘗這個滋味，否則不就沒有因果報應了嗎？」

因果報應豈是這種講法？因果是貫穿三世的，你現前所受的苦，就是果報，受了苦就等於還報一樣，如果你不肯償還，反而想要變本加厲，以牙還牙，彼此鬥來鬥去，冤冤相報，那就沒完沒了，永無盡期了。真正懂得因果的人，是能知苦、受苦，並且不再製造各種苦因。所以說，夫妻兩個彼此為難，互相報復，不但不慈悲，也沒有智慧。

離苦的方法

（一）正知見

佛法指出了苦的事實，目的是要我們遠離諸苦。但是如何離苦呢？

佛法中的四聖諦——苦、集、滅、道，是轉凡夫為聖賢的道路，苦諦是人生論，道諦是修道論。道諦的內容分為八項，稱為八正道：正見、正思惟、正語、正業、正命、正念、正定、正精進，只要修成八正道，便是離苦的解脫境界。

正確的知見非常重要，正確的知見是相信三世因果。有了正知正見後，就會相信自己這一生所受的苦，是肇因於過去無始劫以來所造的業。常有人說：「我這一生從來沒害過人啊！為什麼要受傷害呢？」要知道當前的果報正是過去生中所種的因。

我們從無始劫來，流浪生死，在這麼多的一生又一生當中，不知道跟多少眾生結了善緣及惡緣；結了善緣便能得善果，結了惡緣自然就會得到惡報。因此，果報不能只看現在這一生；許多人因為看不到現世報，就以為沒有因果，事實上，今生所造的惡因，如果不在今世受報，來世一樣逃不過因果律。

（二）不造諸惡，坦然受報

如何才能夠離苦得樂？首先是停止一切惡因，亦即不造諸惡，然後是坦然受報，自己在受報受苦的同時，也要救苦救難。即使人家讓我們受苦，非但不以為忤，反而要為他設想，替他謀福，這就是菩薩精神。如果能行菩薩道，雖然自己受苦、受委屈，也不會認為不公平。

我有一位在家弟子，出生不到三天就被父母賣掉。他年過半百後，為養父母送了終，此時生身父母也行將就木，照顧他們的擔子又落到他的身上。別人為他抱不平，他卻對我說：「師父啊！我真是很有福報，別人只有一對父母，我卻有兩對！」

他能這樣想，心裡就很平衡、愉快。相反地，如果他埋怨著說：「我的生父母真不是人！我生下來不到三天，就把我給賣了，現在老了，還要我來養他們，簡直沒有天理！」這就非常痛苦了。

像上述這種兒女比父母付出較多的例子，少之又少。多半都是父母付出的比較多，兒女付出的比較少，這算不算公平合理呢？沒有什麼不公平不合理的。只要自己心平氣和，生活便能快樂一些。

現在的社會樣樣講求公平，但是，真的有辦法做到嗎？例如為什麼只有太太懷孕生產？男人卻不會懷孕生產呢？所以，在某些事情上是根本無法公平的。公平的真義應該是：每個人站在各自的立場與角度，適切扮演好自己的角色，盡到自己的責任，就是合理公平。

尤其是具備了佛法的正知正見後，透過正確的因果觀，會知道每一個人都有他自己的福報、因緣和智慧，每一個人的情況都不一樣。懂得這層道理，便無所謂公平不公平，就能夠心平氣和，沒有煩惱，眼中的敵人自然就少了。

佛法的作用

佛法的作用，可以分為三個層次：1.日常生活的應機接物，2.斷除煩惱，3.圓滿成佛。

從這三個層次來看，便知道我們不要好高騖遠，冀求一步登天，應當老老實實，先從日常生活的起步點做起；而且不論在哪個層次，都要靠自己努力，而不是一味仰賴佛菩薩的加持。

當然，外力的加持並非不可能，只是不可靠。我們中國人常說：「自助而人助，人助而天助。」如果自己沒有半點工夫，一旦外援斷絕，便會陷入苦難的深淵。例如說今天沒有飯吃，別人也許可以暫時給你一片麵包，但是下一餐呢？就算下一餐再給你一片麵包，那麼明天呢？即使有人可以天天給你一片麵包，但如果有一天這個人出遠門了，或者他自己也三餐不繼了，那麼你所仰賴的這個對象就靠不住了。或許有許多人願意相信權威的神，寄望他給予一切而永恆的恩賜，可惜那僅是信仰，未必是事實。

但是要注意的是，雖然佛法告訴我們，自力更生最重要，但是否定別人，完全依靠自力也不對，那會變得剛愎自用；我們仍然需要別人來指導我們如何運用佛法，也相信諸佛菩薩及護法龍天的慈悲呵護。

在家居士應如何修行

曾經有一位信眾對我說：「師父啊！我好羨慕那些沒有家累的師兄

們，他們可以專心修行，而且都好像很有道行的樣子！」

他的弦外之音不外是：家家有本難念的經。只不知他家裡那本難念的經，究竟是婆婆媽媽經，還是丈夫兒女經？總之，有家就有經。那麼，如何讓這部難念的經變得容易一些呢？其實，在浩瀚的佛經當中，是有一部《六方禮經》，專門指導在家居士，如何謹守自己的分際，如何修行。

（一）在家應知《六方禮經》

《六方禮經》全名叫作《尸迦羅越六方禮經》，這是一部指導在家居士如何持家和修行的經書。何謂六方呢？經中指出：父母為東方，師長為南方，夫婦為西方，親黨為北方，僮僕、執事為下方，沙門、婆羅門、諸高行者為上方，這六方實際上便包括了人生各方面的人際網。經文中把每一個人所應該扮演的角色，規畫得非常清楚，例如做父母的應該為兒女盡什麼責任，兒女又應該為父母盡什麼責任；還有老師和學生之間，員工及老闆之間，彼此所應盡的義務等。

針對夫妻相處之道，經中指出，丈夫對妻子應該注意五點：1.相待以禮，2.威嚴不嬶，3.衣食隨喜，4.莊敬以時，5.委付內家。而妻子對丈夫也有五項要注意：1.先起，2.後坐，3.和言，4.敬順，5.先承意旨。雖然由於時空背景的差異，未必適用於當前社會，但其所傳達互敬、互信的原則，仍是值得遵守的。

這部經的內文相當豐富，可惜流通不廣。不過，看不到這部經沒有關係，法鼓山出版的《佛化家庭手冊》、《佛化婚姻與佛化家庭》以及拙著《怎樣做一位居士》這三本手冊，內容就是告訴大家，如何做一位在家居士，非常實用。

（二）正常的生活作息

做為一名在家居士，要有正常的生活作息，不要暴飲暴食、狂嫖爛賭、酗酒吸毒。

（三）結交善知識

如果一個人所交往的盡是酒肉朋友，想擁有健康正常的生活態度也難。儒家主張：友直、友諒、友多聞。結交朋友要選擇直心腸的人，不用心機盤算你的人；但是「直心」未必是「心直口快」的人，心直的人，口不一定快，口快的人常惹是非。友諒是結交能夠諒解你的人，寬容你的人。友多聞是與有豐富知識學養的人做朋友。

佛教中有個名詞叫「善知識」，釋迦牟尼佛鼓勵我們應該多親近善知識而遠離惡知識，等於儒家所說的「近君子而遠小人」。但是誰是善知識呢？益友、諍友都是善知識。至於我們自己，即使現在尚不是善知識，也要學著做他人的善知識。

（四）但盡義務，不問權利

常聽許多人彼此抱怨，說自己的太太不賢慧、先生不忠實、婆婆不體諒、媳婦不乖巧、兒女不孝順……，究竟是誰不好呢？我認為，凡是抱怨的人都不好。其實只要把家裡的人都當成菩薩看，善盡自己的責任，至少你已問心無愧了，又何必抱怨。

之所以會鬧家務事，甚至鬧家變的原因，都是當事人的內心有問題；不是把家人當作敵人看，就是把家人當作財產來支配。

曾經有一對男女來找我，一見面他們就說：「師父啊！我們準備要結婚了。」

我說：「恭喜！恭喜！」

他們說：「將來我們要是吵了架，要請師父來評理。」

我說：「請你們千萬不要自找麻煩，還沒有結婚，就準備吵架。」

聽了我的話之後，男的就對女的說：「聽到了嗎？以後你要聽我的話，不可以和我吵架！」

女的卻對男的說：「不！是你要聽我的話，不要和我爭，這樣子，我們才不必麻煩師父！」

事實上，這對青年男女還沒有結婚，就已經開始吵架了。

人間就是這樣，想要夫妻不吵架，真的很難。《六方禮經》還有前述的三本小書，就是告訴我們應該如何盡自己的義務，對家人應當要負什麼責任，做父母的有什麼義務？為人子女的又該如何？如果人人都知道如何扮演好自己的角色，盡什麼樣的責任，彼此就不會有那麼多的抱怨了。

（五）慈悲沒有敵人，智慧不起煩惱

曾經有兩位法鼓山的護法居士，因為公司不景氣而被解雇了，我問其中的一位居士說：「你的工作怎麼樣了？」

他很平和地回答：「師父，您不必擔心啦！」

其實我是關懷倒不是擔心，而他是如此地心平氣和，如果換作其他人，大概就免不了要抱怨一番了。

第二位居士的際遇更令人不平，他在被辭退前的連續幾個月當中，老闆不停地要他加班，因為他是一個部門的負責人，而加班又不給加班費。大家都以為他大概要陞官了，沒想到工作趕完了之後，就被解雇了。一般人遇到這種情況大概會忿忿不平，氣得七竅生煙，但是他一點也不生氣，因為他認為自己已經得到學習和成長。反倒是許多人為他擊鼓鳴冤，認為這位老闆真是豈有此理。

這件事過了幾個月，我問他：「你的工作有著落了嗎？」他答道：「師父，我已找到工作了！」我說：「那是因為你心平氣和，所以能夠很快又找到工作了。」像遇到這種情形，事實擺在眼前，光是生氣也解決不了問題，那又何必生氣？不如接受現況，勇於面對與改善，這個就是將佛法用在日常生活的好例子。

（一九九五年五月十三日講於美國新澤西州，游貞玲居士整理）

人生為何？

很多人問我：人生的本質是什麼？人生的意義是什麼？人生的價值在哪裡？人生的目標是什麼？

人生的意義是盡責、負責

人生的意義在於盡責任、負責任。每一個人從出生到老死的生命過程中，扮演著許多不同的角色：做兒女、然後做父母；做學生、然後做老師；做同事、做長官、做部屬、做朋友。這些就是人與人之間的倫理關係，是屬於責任的範圍。

如果沒有盡到責任，所扮演的角色就叫「不倫不類」，通常我們形容很奇怪的樣子叫不倫不類。如果從倫理的標準來看我們自己，常常會發現自己是不倫不類的，因為只要在某個角色上責任盡得不夠的話，就是不倫不類。

人生的價值是奉獻、貢獻

什麼是人生的價值？很多人認為一個人有名、有地位、有勢力、有錢，就表示他的價值相當高。然而這些到底算不算有價值？可以算是，也可以說不算。那就得看他對人類社會的貢獻有多少，如果沒有貢獻，只有地位、只有錢、只有名，那麼他的價值就很有限了。

所謂奉獻、貢獻，也要從盡責任、負責任著手，並且從不同的角色來盡責、提出貢獻。

在這個世界上，與我們有直接關係的人並不多，如果要你把從有記憶開始，與自己相關的人的名字一個個寫出來，看看會有多少人？相信不會太多，恐怕很少人能夠寫出一千個與自己相關的人名吧。每人心裡想到的親友，轉來轉去就是那幾個人而已，但若論到間接有關係的，那人數就很多了。

講責任可能只要對某些事、少數特定對象負責，若講貢獻就不一樣了，無論是否扮演盡責任的角色，在任何場合，對任何對象都有貢獻的機會，無論你跟他是不是有直接關係，同樣可以有貢獻。

例如走在馬路上，看到一個陌生的小孩子要過馬路，你並沒有責任必須去帶他過馬路，可是此時就是一個貢獻的機會。也許很多人會這樣想：「那個小孩子自己過馬路，應該不會有什麼問題，我現在要趕路，沒有時間。」可是，如果那個小孩子突然被車撞了，而一個舉手之勞便可救人的機會就這樣白白錯失，豈不令人遺憾？

承擔貢獻的任務

所以貢獻，不一定是在自己有直接關係的範圍之內，而是可大可小、可近可遠的。大可廣被全世界，乃至對一切眾生，我們都應該承擔起奉獻、貢獻的任務來。雖然人生的意義是盡責、負責，只要把自己現在職務上的分內事做好就夠了，但這僅是盡了本分，尚不能說有什麼大貢獻。

當我在日本留學期間，先師東初老人發現臺北市有幾個寺院發生爭產爭權的糾紛，便寫了一封信給我說：「現在的佛教可憐極了，弘揚佛法的工作沒有人來做，寺廟的產權倒有人爭搶。」不僅僅是佛教徒本身在爭搶，連政府也在搶廟，說這些廟是日據時代日本人建造的寺院，屬於敵產，應該收歸政府所有。不過，我的師父仍勉勵我說：「現在大家只搶廟，而沒有想到要搶救佛法，以佛法來搶救人心，我們應該要負起搶救佛法命運的責任。」

所以說，佛教界光搶救寺廟是無大用處的，努力培養弘法的人才，對社會有了貢獻，才是根本的辦法。例如今天的佛教，對臺灣的社會已有顯著的貢獻，便表現出佛教有其存在的價值。就好像前一陣子賀伯颱風過境，農禪寺也是受災戶之一，全寺在一公尺深度的水中淹了兩天，損失很大。但我告訴法鼓山的四眾弟子：「我們雖被水淹，還是要發動全省信眾響應救災工作。」最後大家總共捐出了新臺幣三百萬元。這便是表現出法鼓山這個佛教團體，對社會具有正面的價值。

同樣地，這幾年我們法鼓山農禪寺舉辦了各式各樣的營隊，從小學生、國中生、大專生，也為中學教師、大專院校主管以及社會菁英，舉辦了各種梯次的禪修營，例如「教師禪修營」、「社會菁英禪修營」等等。其中「大專院校主管禪修營」，參加人員包括各大專校長、院長、總務長、學務長、教務長以及系所主任。我們只想要付出，並沒有想到要回收的，所以在活動結束的時候，有學員問我：「如何回饋法鼓山？」

我說：「願你們把在禪修營中聽到的、學到的，認為是有用的一些觀念和調柔身心的方法，帶回家、帶回學校，分享給願意接受的人，這就是回饋法鼓山了。」

其中有一位教授不解地問我：「如果僅是如此，長久下來，法鼓山不就要被吃垮了嗎？法鼓山還能有錢建設嗎？」

我說：「我們愈有這種付出奉獻的心，來護持我們的人就愈多。」

我告訴他們：「你們來法鼓山參加禪修營，就像批發商來工廠的倉庫進貨，回去以後就可以替我們做中盤商及零售商。你們給社會的奉獻就是代替我們對社會的貢獻，也是我們的收穫；也可說就是你們對法鼓山的回饋，顯示法鼓山對今日臺灣社會的價值。」

受報、還願及發願

人生的目標是來受報、還願、發願。

受報是在過去所做的，不管今生、前生、過去無量生，做了任何事，這一生之中只要因緣成熟，就要接受果報；做了好事受福報，做了壞事受苦報，一直到成佛為止都在受報，因為從無量劫以來跟眾生的關係，恩恩怨怨糾纏不清。

可是，人在受福報的時候，認為一切是理所當然的，但在受苦報的時候，心裡卻不服氣，總覺得自己這一生也沒做過什麼壞事，怎麼會有惡報臨到自己頭上。

發起法鼓山舉辦大專院校主管禪修營的現任立法委員丁守中居士，在一次結營典禮上與我們分享他的經驗，他說：「有一次我兒子到游泳池玩，正值游泳池在放水，他看見有一位同學的身體被放水的孔吸住了很痛苦，便下水搶救，結果他自己的一條腿，也被吸進去，受了重傷，差一點要截肢。我得知這個消息後，第一個念頭就想：『奇怪，我這一生都很熱心公益，是個好心人，為什麼我兒子會這樣子？』當時我心裡很不服氣，過了一陣子，忿忿不平的情緒才慢慢安定下來了，心裡又想：『這大概是因果報應吧！可能是我過去世做了什麼不好的事，害我兒子也跟著倒楣。』後來馬上又轉了一個念頭：『這個孩子命中大概就有這次災難，能夠大難不死，必有後福。』這樣一想就不再懊惱了。」

他能這樣想心情就很平靜，而這就是「受報」的觀念，成了他心平氣和、面對災難的力量。

此外，我們出生到人間，也是來還願的。從過去到現在，不知已許了多少願。諸位在小的時候可能就許了很多願：「如果我長大了，我要……，如果我畢業了，我要……，如果我嫁了丈夫，我要……，如果我做了媽媽，我一定要……，如果我是老師的話，我會……。」大家在一生之中，所許的願還真不少。

我年輕的時候喜歡讀書，但那時候不容易找到書，當時一位軍中的同事就說：「老兄啊！你喜歡讀書，我以後要開書店，讓你讀個夠。」

我說：「你開書店放不了幾本書的，書架上的書是有限的，為什麼不開圖書館呢？」

他說：「開書店還會有錢賺，還能維持生活啊！如果是開圖書館，那我只有賠錢了，對我一點好處都沒有。」

賺不賺錢這點我倒沒想到，我只說：「我將來要辦圖書館。」

他說：「那只好你去辦了。」

我講過以後，其實根本不知道有沒有因緣實現；三、四十年過去，機會終於來了，我創辦了中華佛學研究所，便有了圖書館，藏書好幾萬冊，將來法鼓山的佛教專業圖書館更預計藏書二十萬冊，還有法鼓人文社會大學綜合圖書館。所以我許的願，已經在逐步兌現了。因此，許願是一種動力，既然許了願就要還，所以還願也是一種人生的目標。

有人在參加我們的禪修營時，我也鼓勵他們發願。例如遇到腿痛難受時要發願：「不聽到引磬聲，腿再痛也絕對不放腿。」不過發了這個願以後，多半的人還是會中途放腿換坐姿的，因為腿實在是太痛了。有的人發過幾次願之後就不想再發了，因為覺得既然做不到的事，為什麼要發願。但是我還是鼓勵大家一次又一次地發願，慢慢的你會愈來愈能夠堅持，願也愈來愈能夠兌現，如果你只發一次願就不發了，那個願力是不夠強的。

佛教徒每天做早、晚課時都會唱誦〈四弘誓願〉：「眾生無邊誓願度，煩惱無盡誓願斷，法門無量誓願學，佛道無上誓願成。」許多人常常在發過願以後，就跟家人或同事嘔氣、吵架，事後心裡又覺得難過、後悔，心想才剛發願要度眾生、要斷煩惱，現在又違背誓願了。可是我都告訴他們，只要一次又一次地發願、再發願，情況就會漸漸改變，願力就會日日增長起來。

發願的層次

發願又可稱為發道心、發菩提心，從凡夫到成佛，可分為五個層次。

（一）人道

道心的「道」字，就像人生的旅程。生命的歷程與方向，叫作人生之道。

人活在世界上，有自己應走的路，而且必須有近程、中程、遠程的人生目標，學習從近處著手，遠處著眼，所以上路的時候，一定是從跨出第一步開始，接下來步步踏實地往前走去。

由此可知，發道心是要從做人的立足點開始，盡到做一個人的責任，具備品格與品德。如果連做人的基本條件都不具備，不像人的行為、想法，就會有人罵這種人是「衣冠禽獸」。

為什麼會這樣呢？第一，他們真的很可憐，不知道該如何好好做人。第二，他們不能自主，受環境的誘惑、刺激、威脅，使得他們心不由己、身不由己。

法鼓山的理念是「提昇人的品質，建設人間淨土」，是從人的基礎開始，希望大家把自己現在所具備的身分、所扮演的角色，恰如其分、恰到好處地表現出來。也就是說，要發道心成佛的話，先要發願把人做好。

（二）天道

行人道僅是盡人的本分、盡人的責任；修行天道，則當貢獻自己、服務社會大眾，把全世界所有的人都視為自己照顧、貢獻、服務的範圍。像這樣的人，有這麼大的心量，做那麼多的好事，都是聚積上生天國的功德。

但是行天道的人只想到我們這個地球的人，尚未想到他方不同的世界，也沒有想到其他的眾生，而且尚有心存追求天福的念頭。

（三）解脫道

再其次是解脫道。那是要放下四大、五蘊的身心世界，使惡業不起，煩惱不生，超越三界的生死苦海。

（四）菩薩道

行菩薩道，是人天善道加上解脫道的功德，不但能在人間廣結善緣，更是以十方三世所有一切眾生做為服務、貢獻、關懷、照顧的對象，並且為善不是為求福報。大乘佛法向來鼓勵人行菩薩道，行菩薩道，必定要從許願、發願、還願開始。

（五）佛道

最後，最高的層次是佛道，就是發「無上菩提心」，就是「阿耨多羅三藐三菩提心」。《心經》、《金剛經》等許多經典，都鼓勵我們要發「阿耨多羅三藐三菩提心」，不僅僅發成就人道、天道的心，還要發行解脫道的心，更當發菩薩心，而當菩薩心行究竟圓滿之時，就是無上佛道的完成。

（一九九六年八月十三日講於法鼓山農禪寺教師禪修聯誼會）

生與死的尊嚴

生與死，是一個廣泛而深入的題目。不同的人，有不同的看法、想法及立場。這個主題，在近三十年來，漸漸受到東、西方人士的重視，有許多的學者，從哲學、宗教、醫學等多角度的立場來探討；我則是從佛法的觀點與對佛法的認識，將我對生死的體驗及觀察，來加以說明。

認識生命的實相

（一）由生命的無奈、無所依賴及無所適從，轉變為生命的可愛、可貴與自我的肯定

很多人，對生命的感受是負面的，認為生命是無奈的、受罪的，是一種負擔，這是不了解佛法所造成的偏見。佛說：「人身難得，佛法難聞。」要開悟成佛，成就法身慧命，只有在人的生命過程中，用我們這個色身（肉體的生命），聽聞佛法、修行佛法，才能達成修行的目的。

或許很多人認為，修行是只能到佛國淨土去修，這種觀念其實是錯誤的。因為諸佛都是在人間修行成佛，不是以其他類別的眾生型態成佛。因此，必須先要有人的身體之後，才能發心，發菩薩心，修菩薩道，然後成佛。所以說，生而為人是最可貴的。

（二）生命的出生與死亡，關係密切，不可分割。出生之時已確定了死亡的必然到臨。生未必可喜，死未必可哀，生命若無尊嚴，何喜之有？死亡若有尊嚴，又何必悲哀？

如果知道生與死是必然的過程，那麼，生命的本身就是尊嚴。因此，生存並不麻煩可憐，死亡也不需要覺得悲哀悽苦；而是要看我們對生存及死亡的態度而定。

如果生存、生活得沒有尊嚴，那死亡有什麼好可惜的？生命又有什麼可喜的？相反地，如果死得很有尊嚴，那死亡又有什麼值得悲哀的呢？

（三）生命的尊嚴，是從活得有意義、有價值、有目標之中來體驗和顯示

人的生命，就是生與死之間的一個階段、一個過程。生命的尊嚴，可以從倫理的關係、社會的角度、歷史的判斷、哲學的理論以及宗教的信仰等多方面來確立。

下面是從佛教徒的立場來討論生命的意義、價值與目標：

1.生命的意義——從佛教的立場來看，生命是為了受報和還願而存在的。過去許過的願，一定要實踐承諾；過去造的業，必須要受報。因此，也可以說生命是由於因果的事實而存在的。

2.生命的價值——生命的價值，並不是由客觀的他人來評估判斷、確立的，而是自己負起責任，完成一生中必須要完成的責任，同時盡量運用其有限的生命，做最大的奉獻。

每個人在世界上，都扮演著許多不同的角色，可能是父母、夫妻、兒女，也可能是老師、學生等，都必須盡心盡力、盡自己的力量，用物質的、精神的種種能力，奉獻於身邊的少數人，乃至於社會、國家、全世界的多數人，而不求任何回饋，這就是生命的價值；這種自利與利人的工作，便是在行菩薩道。

3.生命的目標——生命需要有個大方向，來做為自己永恆的歸宿。

佛教徒是要將自己所有的一切，都分享給他人，把所有功德迴向給一切眾生；同時要不斷發願，願能夠自我成長與自我消融，以圓融與超越的態度，做永無止盡的奉獻。如果建立了這樣的目標，不論人生是長是短，都是極有尊嚴的。

（四）生命與死亡是一體的兩面，所以生存與死亡，都是無限時空中的必然現象

1.生是權利，死也是權利；生是責任，死也是責任。活著的時候，接受它、運用它；結束的時候，接受它、面對它。

所以對於癌症末期的病人，我會勸勉他們說：「不要等死、怕死，多活一天、一分、一秒都是好的，珍惜活著的生命。」因為生存和死亡，都是無限時間之中的必然現象；不應該死的時候不應求死，必須要死的時候，貪生也沒有用。

2.生與死息息相關。每個人從知道有生命的事實那一天開始，就要有面對死亡來臨的心理準備。死亡的發生，可能是親友，也可能是自己，而

且隨時都可能發生；這並不是讓我們恐懼死亡，用死亡嚇唬大家，而是如果從小就知道死亡這樣的事實，便能幫助我們智慧成長。

釋迦牟尼佛在年輕的時候，就是發現生、老、病、死的生命事實，才促使他出家修行，最後得到大智慧，進而拯救全世界人類。

死亡何時會發生，沒有人知道；因此，知道它會來臨，但是不必憂慮死亡的事實會在何時發生，只要是活著的一天，就珍惜生命，盡自己的責任，努力奉獻。

我有位在家弟子，他深信命理，曾請了多位相命師為他算命，都說他只能活到六十九歲，到了那一年，他把工作辭去，財產分掉，等待死亡的來臨。可是第二年仍然活著，於是很後悔地來問我說：「師父啊！我應該要死怎麼沒死呢？您知道什麼原因嗎？」

我說：「也許你做好事積了德，改變了死亡的時間。」

我利用這個機會勸他說：「不要怕死、等死，活一天就盡一天的責任及奉獻，不去管什麼時候會死，只要運用你寶貴的生命好好活下去。」

結果他一直活到八十六歲才去世。

生從何處來？死往何處去？

許多人從哲學和宗教信仰的立場，建立生與死的理論和觀念；也有人相信神通，用宿命通、天眼通，看過去及未來；凡此種種都只是人們的一種希望、看法和追求，其實並不可靠。

總體而言，泛神論的哲學認為生命來自於整體的神，死亡又歸於整體的神。唯物論的哲學，認為生死都是物質現象，生如燈燃，死如燈滅。

中國的儒家學者曾說：「朝聞道夕死可矣！」又說：「生死由命」、「聽天由命」，也就是說，生死是由命決定的，雖然孔子也說：「未知生焉知死。」但是事實上儒家並未進一步說明生命是什麼？

老子則說：「出生入死。」出生一定會入死；又說：「人之生，動之死地。」當人出生的時候，死亡這條路已經開始在動了。因此，老子叫我們不必擔心生與死的問題，只要「尊道而貴德」、「夫莫之命而常自然」，也就是說，只要有道德，至於人的生死，讓它自然即可，這是相當有道理的。

西方的宗教，不相信人有過去世，他們認為人的生命是由上帝所創造、賜予的，死亡時也是因上帝的召喚而回天國去。一切由上帝支配，不必擔心著生與死，這也算是快樂又幸運的事。

佛教徒的生死觀

佛教徒相信有過去世的，但是，生從哪裡來？是否要透過神通去知道呢？不需要，因為過去的生命是無限的，無法追究一生又一生究竟是從哪裡來。佛教主張只要好好做最大的奉獻、最好的修行，其他的，該怎麼樣就怎麼樣，一切順其自然。

（一）生命是無窮時空中的一個段落

我們現世的這個階段，只是在無窮的、無限的生命過程中的一個段落而已。就如同不斷在旅行，前一天在臺灣，後一天可能就到了美國、香港等地，經常在不同的地方，出現又消失；生命也是一樣，當一期生命的過程告一段落，另一期的生命過程正等待著去接受。因此，死亡不等於生命的結果。

（二）生命是生滅現象，又分為三類

1. 剎那生滅——剎那，就是在極短的時間之中。我們的心理及生理，包括身體的細胞組織以及心念等，經常都是在生起，經常在消失，不斷地新陳代謝，不斷地變動，有生有死，有起有滅。

2. 一期生滅——從人的出生到人的死亡這個過程，一期或一個階段的生與死。

3. 三世生滅——包括無限過去的三世，無窮未來的三世，加上目前現在的三世。也就是過去的過去、未來、現在，未來的過去、未來、現在，現在的過去、未來、現在。而以這一生的現階段來說，前生、未來及現在，就是三世生命。

這樣的觀念和理論，能為我們帶來希望及安慰，也為我們指出在此生中，必須繼續活下去的理由。不應當死的時候，企圖以自殺結束生命是對過去不負責任，對現在不盡責，甚至可能擾亂未來的前途。

（三）生與死的昇華現象，分為三個類別，也可以說是三個段落

1.凡夫眾生的分段生死——分段就是一個階段、一個階段，一個過程、一個過程，一生又一生；從生到死，從死到生。凡夫僅僅停留在這個階段，只有生死，沒有提昇生命的意義和品質。

2.聖者的變易生死——由菩薩的階段或羅漢的果位，乃至到成佛的層次，一級一級不斷地提昇，這叫作變易。也是由於用佛法來修行、成長，提昇生命品質，因此，慈悲和智慧的功德身不斷在淨化。

3.大涅槃的不生不死——前面兩種都是有生有死，但是到了成佛的果位，也就是大涅槃境界時，便已超越肉身，實證法身，達到絕對的不生也不死，並且能以種種身分，普遍地出現在所有眾生的生死苦海之中，雖然還有生死的現象，但是已經沒有生死的執著、煩惱與不安了。

如何面對死亡？如何使得死亡有尊嚴？

（一）死亡的三種層次

以禪修者的立場來看，死亡可以分三個層次或三種態度：

1.隨業生死——生和死，自己作不了主，迷迷糊糊由他生，由他死；生死茫然，醉生夢死。

2.自主生死——清楚地知道生與死，活要好好地活，死要勇敢地死；活得快樂，死得乾脆。

3.超越生死——雖然有生有死，但是對於已經解脫、超越生死、大悟徹底的人來講，生不以貪為生，死不以怕為死；生與死不僅僅相同，甚至根本沒有這樣的事。

（二）以感恩、歡喜心面對

能生則必須求生，非死不可則當歡喜地接受；感恩生存，也當感謝死亡。努力求生，生存時能使自己提昇生命的品質，淨化自己的心靈。但不可求死，也不用怕死，對死亡要存有感謝的心，因為死亡能使自己放下此生千萬種的責任，帶著一生的功德，迎向一個充滿著希望和光明的生命旅程。

（三）對未來充滿希望

生死的現象，猶如日出與日沒。日沒時，只是太陽在地平線上消失，其本身並不會消失；日出時，只是太陽在地平線上升起，其本身一直高懸於太虛空中。

人的肉體雖然有生與死的現象，然而，人人本具之清淨佛性，永遠如日在中天。因此，死亡不是可怕、可悲的，不必畏懼它；對我們的未來，應該充滿著希望。

當以喜悅的心，勇敢地面對死亡、接受死亡。對於自己一生的行為，不論是善、是惡，都要感謝，因為那是歷練的經驗，應當無怨、無悔、無瞋、無傲。過去的已成過去，迎向光明的未來，此時最為重要。

（四）修行而隨願、隨念往生

往生時的心態，有六種因素，可以決定死亡後未來的前途：

1. 隨業——善業、惡業，哪一種較重，就到哪個地方去。
2. 隨重——受完重業的果報，依次再受輕業的果報。
3. 隨習——未作大善、大惡，但有特殊強烈的習氣，命終時，便隨習氣的趣向而投生他處。
4. 隨緣——哪一種因緣先成熟，就到哪裡去。

5.隨念——由臨命終時的心念傾向，決定去處。

6.隨願——臨命終者的心願是什麼，就決定死亡後到哪裡去。

佛教徒是要修行到隨念、隨願，如果變成了隨業、隨重、隨習、隨緣，那是非常可憐的。

（五）為臨命終者助念

臨命終的人，如果已陷入昏迷，失去自主自知的能力，親友應當以虔誠安定的心，為他誦經、持咒、念佛菩薩聖號，或者在他旁邊禪修，以定力和信力，幫助他的神識免於茫然，免於昏亂，而能得到安定，迎向光明，這樣才不會使亡者下墮，而能超生。

（六）在平安、寧靜中往生

死亡的尊嚴，原則是不能違背平安與寧靜，不是讓臨終的人痛苦地走，不論是在肉體上或精神上的痛苦，都對死亡的人有害無益；平安的死亡，即是死亡的尊嚴，切忌慌亂地用器械搶救，不可呼天搶地地哭喊。重要的是，讓他平安、寧靜、祥和、溫馨地離開人間。

（一九九六年十月二十七日講於美國紐約東初禪寺，姚世莊居士整理）

如何因應嶄新的二十一世紀

二十一世紀嶄新的時代與環境

許多研究未來趨勢的學者專家，紛紛在二十一世紀即將來臨的今天，做種種的預測；而我不懂所謂的未來學，事實上二十一世紀也尚未來臨，不能做什麼預言，我只有用智慧、慈悲的佛法觀點，以現有的資料，從現在往未來看，對將來可能發生的一些現象，以及如何因應的措施，一一加以說明。

因為我不是預言家，也沒有神通，對於各種預言的正確性，都持保留的態度。不過到目前為止，種種預言、猜測，有的從宗教層面的感應、體驗，有的從學術層面的分析、觀察，他們所做的一些判斷。大致不出以下幾大類：

（一）悲觀的預言

1.高喊世界末日即將來臨

有一派宗教，呼籲世人，準備迎接即將到來的世界末日。但在佛教的立場，認為我們這個世界、這個地球，未來還有很長的時間，也許佛法會慢慢在人間消失，但是地球不會那麼快就崩潰、毀滅。

雖然佛教內也有所謂「末法」的觀念，但我對這種說法，並不贊同，因為那不是釋迦牟尼佛當年的預言。

2.人類品質墮落，環境持續汙染

中國人一向認為出現先聖先賢、三皇五帝的時代，是最好的社會環境，對於這點，我也持著保留的態度。因為，從歷史上看，每個時代都有好人做好事，也有惡人做壞事，並非只有我們現在所處的環境，才是人心不古、世風日下。

3.天災地變，環境惡化

有人認為地球的環境愈來愈糟，譬如說，被破壞的熱帶雨林愈來愈多，而各類機械所排出的廢氣，也愈來愈嚴重，不但地球的氣溫持續升高，連許多地方的冰河，以及極地的冰帽，都漸漸融化變成了水，海洋水位上升，陸地面積減少；但另一方面，河流及地下水卻日漸乾涸，大地的農牧面積縮小，沙漠幅員擴大。

有這類想法的人認為，人類生存的環境，已面臨窮途末路的命運，就連宇宙都在奔向一個大黑洞，步步走向毀滅。

4.第三次世界大戰爆發，地球近於毀滅

有人擔心如果第三次世界大戰爆發，大家若紛紛採用核子武器及生化武器，將使得人類現有的文化建設全被摧毀，又回到洪荒的上古時代，甚至比上古的蠻荒更糟，因為處處都是被破壞汙染了的環境。

（二）樂觀的預言

1. 科學突飛猛進，將可做星際旅行

有人觀察在不久的將來，就可乘坐高速火箭，到各星際之間旅行，或者移民到月球、火星，甚至到其他恆星系統的星球上去，像這樣的樂觀態度，的確很可愛。

2. 人類道德進步，普遍廢止監獄刑罰，路不拾遺、夜不閉戶

有人認為到了二十一世紀，人間會出現像孔夫子治魯三個月的那個時代，路不拾遺，夜不閉戶，人間不再因犯罪而有監獄刑罰的事件。全世界不僅廢止死刑，連看守所、法律及警察等的保安措施都將廢止。

3. 地球即將成為優良星球，人間無惡人，世間無毒物

近幾年來，美國及日本出現了很多此類報導，我也曾看過五、六本這樣的預言書籍。他們是從宗教的體驗、超心理學的立場及經驗，也有一些

是從磁場變化之說，所得到的訊息。

他們認為因為人的品質改善，地球的磁場也跟著改善；沒有壞心的人，也沒有含毒的動植物等，耕田不需要用農藥與肥料，不論是加工或自然的食品，都是來源豐富而且成分營養。並且由於磁場相通、相同、穩定，自然而然人類的脾氣就不會暴躁厭煩；物質普及豐盛，人類的貪欲降低，自私心減少，爭執的事情也不會發生了。

4. 人類身心健康，平均壽命可達一百五十歲

到了二十一世紀，人類的身心，愈來愈安定、健康，不但長壽且不易老化，也不會害病，漸漸地不再需要醫護人員及醫療設備。

5. 世界政治清明，平等統一，不再有國界，不需用軍備設防

佛經裡所說的「北俱盧洲」，就是一個這樣的環境。沒有國界之分，不需要軍備武器，到任何地方都沒有關卡，不必用護照；如同這一村到那一村，這個家到那個家一樣地方便無阻，甚至也不再需要有村落及家庭的體制。

（三）悲觀、樂觀都有可能

不論是悲觀或樂觀的預測，未來都有可能或不可能發生，端看人心趨向。根據佛法的觀點來看這個世界，因緣與因果能決定未來，只要致力於人心的淨化及人品的提昇，使得人心的趨向愈來愈好，人類心靈愈來愈純良、安定，樂觀的世界就會出現。否則，光是空想幻想，而不努力於人心的淨化，悲觀的未來也就難免了。

二十一世紀的社會趨向

（一）快速的生活步調

二十五年前，我剛到日本東京念書，就感覺到日本人的生活步調好忙、好快，與臺北簡直有天淵之別。但現在不論我到紐約、臺北，或到東、西方世界各地，不論是都市或鄉村，每個人的生活步調都是緊張而快速的。

站在禪修者的立場，我常常勉勵大家，生活態度「要趕不要急」。不論是對工作、成績、速度、品質的要求，只要盡心盡力去做就好，心中不要給自己壓力，不必有憂慮。

我曾對法鼓山僧俗四眾弟子提出二十句「共勉語」，其中有一句是「忙人時間最多」，也許有人不同意這樣的說法。不過，就以我個人來說，每天的行程與工作非常忙碌，但由於能夠充分支配運用時間，所以我也有休息的時候；不過前提是即使忙著工作，心情仍然要保持悠閒，這才能「忙人時間最多」。

（二）疏離的人際關係

由於現代人的生活環境及工作性質，與農業社會完全不同，人與人之間的疏離感也愈來愈強，人際間缺乏溫暖與互助的精神，因此，我們要多關心他人，少憂慮自己，盡量充分運用現代通訊工具，例如電話、傳真、電報、E-mail、網際網路等，與人們建立較多的接觸關係。所以落實「共勉語」中所說的「利人便是利己」，便能改善疏離的人際關係。

（三）複雜的社會狀況

現代的社會情況非常複雜，誘惑、刺激的事情太多。走在馬路上，到處都是琳琅滿目、奇招百出的商品與資訊，讓人目不暇給、眼花撩亂；一打開報紙、電視、網路等各種媒體，也有許多神奇、離譜、怪異的新聞報導。

就像最近一些小道刊物，乘機將幾個形象不錯的佛教團體，以所謂的內幕新聞、獨家報導，用「想當然爾」的醜化手法來散播謠言，等著看這些佛教團體會有什麼反應；他們最喜歡被醜化的團體去交涉抗議，因為這樣一來就有更多的新聞可供炒作了。

事實上，面對黑白顛倒的言論是不必介意的，不妨以慈悲心來原諒包容他們，以智慧來處理就不會起煩惱。

因此，我們要將自己專注在「利人便是利己」的工作上、責任上，物質生活簡樸節儉，興趣不要太多太雜，利害得失少管一些，倘若能夠如此，社會環境的複雜，就不會對我們產生負面的影響。

不用在乎人家怎麼談論你，重要的是盡量做好自己該做的事，「共勉語」中的「盡心盡力第一」，便能化複雜成簡單。

（四）多變的時代背景

時代的思想潮流是永遠不斷在變幻著，就以食物的營養觀念來說，有一陣子說是菠菜鐵質最好，接著又強調卡路里、蛋白質、維他命E、維他命C或某種礦物質的重要，不但各種說法不斷在變，連變換的時段也愈來愈縮短，使我們無所適從。

但是，生命是極為有限的，我們如何來得及追上潮流變化的腳步呢？若以《金剛經》所說的「過去心不可得，未來心不可得，現在心不可得」的觀點，就知道應該把變化看作幻相，我們有需要跟著變嗎？過去已過去，未來的事又怎麼會知道？只有現在最重要，把握現在的每一個因緣、每一個時間，盡心盡力把現在的專業、專職做好，不是抱殘守缺地固執不變，也不是無主遊魂似地不知為何要變。不論變或不變，都要滿心歡喜、充滿感激和感謝的心。

因此，我在「共勉語」中有一句「時時心有法喜」，其中的「法」就是用來調適身心的方法和觀念，讓我們不受環境所影響。

（五）物質豐富而心靈空虛

一個欲望很強卻沒有事情可做的人，其心靈必然是空虛的。尤其現在物質文明愈來愈豐富，既然不必擔心生活問題，就應當盡量運用自己的資源，為整個社會、世界人類來付出、做奉獻，如此，心靈自然充實。因此，「共勉語」中另有兩句話，就是「布施的人有福，行善的人快樂」。

我個人是一個沒有薪水的終身義工，而法鼓山這個團體就像一個輸血的導管，把有人需要的血，從願意捐血的人那兒拿來救人，而導管中是不留任何東西的。

二十一世紀安定身心之道

（一）信仰宗教——但不可依賴靈異現象及崇拜神格化人物

面對急速變化又紛雜不已的社會現象與自然環境，如果沒有正確的宗教信仰，就不會知道現在與過去之間的因果關係，不但會對現在發生的事實不了解，也會對未來可能發生的情況擔心不已，因此，社會就出現靈異及神格化人物的崇拜。

事實上，對於展現靈異，為人解說三世因緣並顯奇蹟的旁門左道，並非只有臺灣才有，世界各地任何一個時代、任何一個社會都有這樣的人。只要是人心不安，需要安撫的時候，就會有如此的人物出現，他會告訴一些你所希望知道的事，並且似真似幻地表現出一些異象，還會教你修行一些他所發明的方法，有時也能談論一些擬似的科學、冒牌的哲學、剽竊的佛學，使你覺得既有異能又有道理，這些究竟是真的還是假的呢？

在未被揭發、未出事前，有人相信，大家就以為是真的，內幕爆發，出事後團體解散，主事者被告而進入牢中，才知是假的，迷信的宗教現象就是如此，不清楚時會以為是真的，了解之後就知道那是假的。連那些扮演神佛降世的人物，在屢次欺人成功之後，也會相信他們自己真的已是神佛化身了。

站在佛教徒的立場，不可依賴神異現象及盲目地崇拜，應該要相信因果。因果就是在宇宙之中，任何事情的發生，必有其原因，佛法說「因果不可思議」，因與果之間的關係是非常錯綜複雜的，我們凡夫的智慧不夠，是無法透徹知曉。

（二）求助哲學——但不能僅僅討論問題和指出問題

我們可以求助於哲學，以思想的、思辨的方式，針對人生問題及宇宙問題予以討論，並且深思熟慮的探討社會現象及其改善之道。可是哲學並不能徹底的解決問題，因為哲學家往往因應時代而提出一個又一個的學說；這個問題需要解決，那個問題需要考量，永遠推陳出新，永遠有新的哲學思想出現，結果人類的根本問題，還是在原點上兜圈踏步。

佛法說「因緣不可思議」，則是要我們用因緣的觀念來處理問題，不論是人生的問題、社會的問題、宇宙的問題，用因緣的信仰心及因緣的觀察態度，以「面對它、接受它、處理它、放下它」四個層次步驟，便可以彌補哲學功能之不足。

（三）期待科學——但不能指望以此解決超心理的問題

目前是科學昌明的時代，為人類帶來許多的便利，但是，科學只能頭痛醫頭、腳痛醫腳，解決物質層面的問題。現在有人將精神層面也納入科學領域，譬如說，精神分析、心理分析，甚至研討更深層的超心理功能。

但是，站在修行的觀點，以及宗教現象的層面來看，完全用科學來分析人的問題，那是辦不到的。因此，禪修的經驗及宗教信仰，都有實質的內容及其功用，不是科學所能探索的範圍，卻可以補足科學無法解決的問題。

（四）提倡文化藝術——卻無法幫助人的終極關懷及生死問題

我們雖然應該積極提倡文化藝術的陶冶，但這並不能幫助人們解決死亡的問題，不能化解死亡的恐懼。

過去的人，不願意正面談論死亡問題；但是在近三十年來，不論是東方、西方，都開始願意正式面對這個重要的人生課題，並擬出種種因應之道，所用的新名詞「終極關懷」，就是關懷死亡、尊重死亡，告訴人們如何面對死亡、處理死亡事件。

幫助臨終的人在安詳、寧靜之中，懷著感謝、希望、喜悅而安全的心離開這個人間，這是需要宗教的安慰；站在佛教徒的立場，不但要讓臨終者對於既往有無限感恩，也要讓他對於往生佛國淨土有無比的信心。

（五）提倡教育——人品重於財富，奉獻重於積蓄，智慧重於技術

提倡教育固然重要，但如果僅僅是科技教育，而忽視人文教育及宗教教育，會為人類帶來災難。所以在提倡教育的同時，首要的著眼點，應該

是人品重於財富、奉獻重於積蓄、智慧重於技術。

如果光有財富而缺少人品，對自己、對他人、對社會都是不幸的事；如果儲蓄不只是自利，又更進一步能有布施奉獻的觀念，那便是將財富儲蓄到社會、人群中去，那才是最可靠、最安全的幸福。

此外，身有一技之長，固然可以獲得生活的保障，但若還有智慧，將能幫助我們在精神上獲得安定、健康及成長。因此，佛教向來提倡智慧和慈悲的教育；有慈悲，就能包容、奉獻；有智慧，就不會製造煩惱、不會被他人困擾。所以「共勉語」中有兩句話：「慈悲沒有敵人，智慧不起煩惱。」

如何在二十一世紀安家樂業

（一）如何安家

1.家庭的基礎在於成員之間的互信、互敬、互助

人與人之間，彼此信任、互相尊敬、互相幫助，是建立良好人際關係的基本道德。

互信的條件是自己的言行忠誠不欺，才能取信於人；並且相信對方也是忠誠不欺的人，偶爾明知受騙，也不應該存報復的心，留給對方一條反省改過的活路，相信對方是相信你的就夠了。

互敬的條件是先給對方尊重，時間久了對方也會受影響而尊重你了。

互助的條件是，先向對方伸出援手，先為對方的利益著想，自己也會受益。

2.家庭的意義在於成員之間的互諒、互勉

互諒的原則是彼此要多體會對方的立場和情況；互勉的原則是彼此要多給對方正面的慰勉和欣賞。否則，太太很辛苦地在家帶孩子、煮飯、洗衣服，先生不但不體諒，反而認為她在家坐享其成；而太太也無法體會丈夫在外勤奮工作的辛勞，反而認為他是不知幫忙家事的懶漢。這就造成了夫妻間吵架、互相埋怨的藉口，而成彼此計較的怨偶了。

3. 家庭的成員之間，是倫理關係的共同體

有些現代化的家庭，夫妻的財產，你是你的、我是我的，分得十分清楚。最近我聽到有一對夫婦，他們倆各自都有待遇不錯的工作，可是在家裡任何用品都是各買各的，房租一人一半，連煮飯也是分別輪流值日，他們自己覺得公平合理，但我懷疑，像這樣的夫妻關係，能夠維持多久呢？

家庭是一個共同體，如果不談相敬相讓、彼此體恤的倫理關係，只是一味要求合理公平，這樣的家庭，這樣的婚姻，如果還能不破不散，那真是異數了！

4. 凡是建立起互補有無、互相照顧的生命結合體，都算是大家庭

做任何事都要建立相輔相成的默契關係，彌補彼此的不足，便是同甘共苦的家庭結合。

有人問我：「聖嚴法師，你專門在做照顧別人的事，有誰在照顧您啊？」

我說：「世界上有許多人專門讓人照顧，也有許多是專門在照顧人，

這就是公平合理！例如我的職業和身分，就是學習著如何做好一個照顧他人而成長自我的人，但願不要麻煩別人來照顧我；如我非得要人照顧而且有人願意照顧的話，不論是誰，我都感謝！」

如果世間沒有人需要佛法的照顧，我這個和尚不是就沒事情可做了？如果大家都拒絕好心人的照顧，一切菩薩豈不是沒有修行福德智慧、積聚成佛資糧的因緣了？因此，不論是家庭乃至社會，凡是互補有無、互相照顧，一個生命共同體的場合及環境，都算是家庭。最小的家庭是兩個人的共同生活體，漸次擴大，一個社會團體，一個國家民族，乃至為了全體人類的共存共榮，互惠互利，都可算是安家的工作。

（二）如何樂業

1. 精進不懈，惜福培福

凡是人類的工作、事業，以及身、口、意的一切行為，都稱為業。樂業就是不論成敗、貧賤、富貴，都能盡自己的本分，努力地工作。成功不驕傲、失敗不氣餒、貧而能刻苦、賤而能上進、富而能節儉、貴而能勤勞，這是敬業樂群的基本定義及原則。能夠如此，那就是知福、惜福、培福、植福，而使得人人有福了。

2. 以全體眾生為安業的對象

不過，樂業的範圍，可大可小。最小的事業，是個人的舉手投足、一言半言、起心動念；次大的事業，是你個人從事的某項專業或專職的工作；大事業是社會大業、國家大業、人類世界的千秋大業，以及一切眾生的生死大業。

做為一個佛教徒，最重要的工作就是對一切眾生的生死大業負責，讓一切眾生都能解決生死之間的大問題；活著時，要珍惜生命，感激生存，感恩生活，要好好地運用我們有限的這個生命旅程；死亡時，要心存感謝、充滿喜悅，要無懼、無憂、無悔、無怨、滿懷著悲願心，迎向光明的前程。

3.樂業必須安業——身、口、意三業清淨

安業是安心工作，有一項安定的職業，並不等於持久固定在做同樣的工作，亦不等於既不求陞遷，也不准改行。

樂業的業，是指樂於通過身、口、意三業，來從事任何安定而自利又利他的工作，因此要為一切行為負起責任。

一般人只知道不做損人的事是負責任，佛教徒則更進一步，凡是不做有利於他人的事，也是不負責任；一般人只知道對身體及語言的行為負責，佛教徒則對自己的心理行為更要負責，所以常用慚愧心來修懺悔行，因為身體的行為及語言的行為，修善作惡，都是由於意業的起心動念。因此，樂業先要安業，安業先要檢點心理的行為，然後才能夠對身、口兩種行為盡責負責，樂在其中。

4.在安定和諧中，把握現在的今天，走出新鮮的明天

佛法講因果、因緣。有因必有果，有果必有因，因果關係一定是存在的，如果種因而見不到果，無法立竿見影，那是因緣尚未成熟，就像今天

做了事，不一定今天就得薪水；如果未曾記得今生種了什麼因，卻有大禍或是大福，那是由於不知在哪個過去生中種過惡因及善因。因此，我們要對過往無怨無悔、無驕無餒，落實於現在最重要；立足於安定和諧的現在，把握今天，走出新鮮的明天，才是樂業的基本態度。

5. 積極進取中，時時踏穩腳步，步步站穩立場

所謂「知己知彼、百戰百勝」，勝利是大家都希望的，如果明知不可為又不得不為，成功了是意外，失敗了則是意料中的事；失敗有大小，有明有暗，一敗之後，永遠站不起來，是大敗；屢敗屢起，波折升降，是小敗。明吃虧是智慧型的小失敗，屢次吃虧而不能自知、不知防範，是愚蠢型的大失敗。

勝敗雖是兵家常事，如果屢戰屢敗而竟不知怎麼敗的，那還能夠安業樂業嗎？所以一定要「識人，識己，識進退」，踏穩腳步，站穩立場，失敗了再努力，成功了更努力，便是安業樂業的準則。

如何保護二十一世紀的人類環境

為了因應現代社會的變遷，讓大家都能安家樂業，法鼓山積極提倡四種環保運動，那就是：心靈環保、生活環保、禮儀環保及自然環保。

（一）心靈環保

所謂心靈環保與心理健康、心理衛生、心理建設等是非常接近的。釋迦牟尼佛來到人間，留下了龐大的聖典，其中所記錄的佛法，都是為了要提昇人品、淨化人心、改善人的環境，這些就是心靈環保的內容。

《維摩經》中說：「隨其心淨，則佛土淨。」心的行為能夠主導身體和語言的行為，每一個人的行為都能影響整體的環境；因此，法鼓山的具體工作，就是在觀念上，勸導大家要少欲知足、知恩報恩；在方法上，勸勉大家要用念佛、拜懺、持誦、禪修等項目，來做心理層面的淨化。

心靈清淨，對於所處環境的感受，一定是安定的、安全的；心靈不淨，縱然佛國在眼前，也會覺得所處的環境是不安混亂的。

有一次一家保全公司的保全人員，要我坐在他們的車上，兩邊各有一個人，都佩帶著手槍，說是為了讓我有被保護的感覺。

我跟他們說：「本來我是來去空空，覺得很安全的，現在你們坐在我旁邊，反而讓我覺得危機重重！」因為萬一手槍走火，或是有人看到兩位保鏢在左右保護著，誤以為我很有錢，動了歪主意，結果適得其反，而且我身上也真的沒有錢，反教對方失望，豈非對不起人了！

因此，如果心中沒有安全感，你就不得安全，心中不為安全問題煩心，就是安心的人，而且你所處的這個世界，就是佛國淨土。

（二）生活環保

如果生活整潔、簡樸、節約，就不會浪費自然資源；安寧、平靜、清淨，就不會製造環境汙染，人類生活環境的品質就會改善。

目前我們所處的環境，有空氣汙染、土地汙染、水資源汙染、噪音汙染等，到處髒、亂、渾、濁、不安寧，使大家失去了安全感和安定心，因此法鼓山正積極推動生活環保。

例如我們提倡舊物新用、兒童玩具及書籍交換、垃圾分類分級、資源回收，該用、需用的用到不能用為止，不需用的盡量少買乃至不買，並且推廣環保餐具及環保購物袋；鼓勵辦公室裡一紙至少兩用，然後集中回收，轉為再生紙。

（三）禮儀環保

佛教特別重視禮節和威儀。目前法鼓山所提倡禮儀環保的內容包括：在個人方面，待人接物時要合掌問訊，一言一行，尊敬對方，除了要口稱「菩薩」、「師兄」、「師姊」、「阿彌陀佛」、「謝謝你」等，並且不說粗俗語、低俗語、流俗語；在社會群體方面，提倡婚喪喜慶的隆重莊嚴，並曾出版了一本《一九九四年禮儀環保實錄》，裡面詳盡介紹了這幾年來持續推行的佛化聯合婚禮、佛化聯合祝壽、佛化聯合奠祭的情形，同時也分別出版了《佛化家庭手冊》、《佛化奠祭手冊》、《喪禮與助念手冊》、《禮儀環保手冊》以及《佛化婚姻與佛化家庭》等小手冊。

其中的佛化婚禮，是針對中國人婚喪喜慶的習慣，漸漸變成吵鬧喧嘩與浪費鋪張，只講排場，不顧尊嚴，失去了禮儀的功能，品格低俗，早與現代世界的文明脫節，甚至被國際媒體視為奇風異俗，因此，我們不遺餘力地在推行禮儀環保，目前已有很好的反應。

（四）自然環保

佛陀曾告訴我們，我們的身心世界，都是修行佛法的道器和道場。我們對所處的自然環境，要將它當成是自己身體的一部分來看待，也要當成是自己的家、自己的床鋪、自己的座位來看待。因此，保護自然環境的觀念，不但對動物要愛護，對植物以及一切生物的生存環境，空中的、地面的乃至地下的一切資源，都要善加保護。

用法鼓山的共識來因應嶄新的世紀

我們的理念——提昇人的品質，建設人間淨土。
我們的精神——奉獻我們自己，成就社會大眾。
我們的方針——回歸佛陀本懷，推動世界淨化。
我們的方法——提倡全面教育，落實整體關懷。

法鼓山所推動的全面教育，包括從結婚、胎教、幼兒教育、青少年教育、宗教的人格教育、老年人的關懷教育以及臨終關懷的生死教育。目的是在對人類關懷，提昇人的品質，使得人人都能見到自心中的淨土。

大家不要小看自己，只要有一個念頭跟慈悲、智慧相應，那麼你這一念，就是生活在自己內心的淨土裡；以這樣的精神，影響我們的家庭及全面的生活環境，人間淨土就會普遍地、漸漸地落實出現了。

法鼓山所要達成的目標，就是淨化人心、淨化社會、提昇人品、改善環境、安定人心、安定社會。如此，才能完成和諧的人生、和樂的社會、和平的世界。

但願我們共同努力、實踐、推廣，讓我們有大信心、大願心，因應嶄新的二十一世紀。

（一九九六年十一月九日講於法鼓山美國新澤西州聯絡處，姚世莊居士整理，作者親自增修成稿）

國家圖書館出版品預行編目資料

平安的人間 / 聖嚴法師著. -- 三版. -- 臺北市 :
法鼓文化, 2023.03
面 ; 公分
ISBN 978-957-598-983-5 (平裝)

1.CST: 佛教說法

225.4 111021524

人間淨土 4

平安的人間

Peace on Earth

著者 聖嚴法師
出版 法鼓文化

總審訂 釋果毅
總監 釋果賢
總編輯 陳重光
編輯 詹忠謀、李書儀
封面設計 化外設計
內頁美編 胡琡珮
地址 臺北市北投區公館路 186 號 5 樓
電話 (02)2893-4646
傳真 (02)2896-0731
網址 http://www.ddc.com.tw
E-mail market@ddc.com.tw
讀者服務專線 (02)2896-1600
初版一刷 1999 年 6 月
三版一刷 2023 年 3 月
建議售價 新臺幣 200 元
郵撥帳號 50013371
戶名 財團法人法鼓山文教基金會 — 法鼓文化
北美經銷處 紐約東初禪寺
Chan Meditation Center (New York, USA)
Tel: (718) 592-6593 E-mail: chancenter@gmail.com

法鼓文化

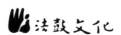